GÜTERSLOHER
VERLAGSHAUS

ALEXANDER KISSLER

Keine Toleranz den Intoleranten

WARUM DER WESTEN SEINE WERTE VERTEIDIGEN MUSS

GÜTERSLOHER VERLAGSHAUS

INHALT

1 VORWORT 7

2 KOUACHI, KOUACHI, COULIBALY:
DIE PARISER ANSCHLÄGE, DER CHRISLAM
UND HOUELLEBECQ 14

3 »DAS HAT NICHTS MIT DEM ISLAM ZU TUN«:
DIE BRIGADE MIT DEN BERUHIGUNGSPILLEN
RÜCKT AUS 30

4 ALLES SO SCHÖN TOLERANT HIER:
DEUTSCHLAND KLOPFT SICH AUF DIE SCHULTER 43

5 »WECHSELSEITIG UNSERE DUMMHEITEN VERZEIHEN«:
AN VOLTAIRE FÜHRT KEIN WEG VORBEI 52

6 KETZER MÜSSEN SEIN:
WARUM JOHN LOCKE SICH ZWISCHEN RAIF BADAWI
UND CICERO SEHR WOHLFÜHLT UND WAS DIE NATUR
DAZU SAGT 64

7 »JUDE, JUDE, FEIGES SCHWEIN«:
DAS KOPENHAGENER ATTENTAT, MUSLIMISCHER
ANTISEMITISMUS UND DIE GANZ ALLTÄGLICHE
LEISETRETEREI 80

8 ABENDLAND, ABGEBRANNT?
WIE DER WESTEN ENTSTAND, WAS ARABIEN WUSSTE UND WIEDER VERGASS UND WANN DIE GEWALTENTEILUNG VOM HIMMEL FIEL **112**

9 SCHERE IM KOPF, MESSER AM HALS:
WIE DER WESTEN SICH ABSCHAFFT, DIE FREIHEIT ZENSIERT UND DABEI TROTZDEM SCHRECKLICH GUTER LAUNE IST **135**

10 DSCHIHAD UNSER:
DIE KIRCHEN UND ANDERE VIRTUOSEN DER WESTLICHEN SELBSTZERKNIRSCHUNG **152**

11 »NUR DURCH DIE MACHT DER SCHARIA«:
WARUM ES BIS HEUTE KEINE ISLAMISCHEN MENSCHENRECHTE GIBT UND DAS GEGENTEIL ABER AUCH STIMMT **165**

12 DAS NEUE BAND **172**

NAMENSREGISTER **177**

LITERATUR (AUSWAHL) **180**

»Wir sollten daher im Namen der Toleranz das Recht für uns in Anspruch nehmen, die Unduldsamen nicht zu dulden.«

Karl Popper

»Dem Problem der Toleranz dürften Sie kaum gewachsen sein, Ingenieur. Prägen Sie sich immerhin ein, dass Toleranz zum Verbrechen wird, wenn sie dem Bösen gilt.«

aus Thomas Manns »Der Zauberberg«

1 VORWORT

Ich sehe die Welt mit anderen Augen seit dem 7. Januar 2015. Zehn Minuten vor zehn Uhr am Morgen las ich die erste Meldung. Es habe einen Vorfall gegeben in der Redaktion der Satirezeitschrift »Charlie Hebdo«. Von Verletzten war die Rede, möglicherweise gab es Tote. Ich schluckte schwer, ich wollte es nicht glauben, ich begriff. »Charlie Hebdo« war die Zeitschrift mit den Mohammed-Karikaturen. Der Terror, zunächst noch ohne Adjektiv, hatte das Herz des alten Kontinents erreicht: Paris, die Metropole der Freiheit. Eine Stunde später war die Hoffnung gestorben, da sei nur Glas kaputtgegangen, da seien vielleicht nur Knochen gebrochen, die wieder zusammenwachsen könnten. Gestorben war die Hoffnung im Kugelhagel der Brüder Saïd und Chérif Kouachi. Nichts würde da mehr zusammenwachsen, nichts heilen. Nun konnte es jeden treffen, überall im Westen, jeden, auch mich.

Den 11. September 2001, der bald zu einer Spielmarke des Grauens verkürzt wurde, zu »9/11«, hatte ich in schlimmer Erinnerung. Es waren Bilder am Fernsehschirm von brennenden Hochhäusern, auf die ich schaute, nachmittags, nach einer Rückfahrt im Auto, während der die Meldungen aus New York von Minute zu Minute gespenstischer geworden waren, immer unfassbarer. Keine kleinen Flugzeuge, stellte sich bald heraus, waren abgeprallt an den beiden Hochhäusern, den Twin Towers. Vielmehr hatten mächtige Passagierflieger diese zum Einsturz gebracht. Am Steuerknüppel der fliegenden Selbstmordbomben hatten

Mohammed Atta und seine Glaubensbrüder von al-Qaida gesessen. Sie meinten, im Namen ihrer Religion ein gottgefälliges Werk zu tun, dem »Satan« namens USA eine schmerzliche, vor allem angemessene Lektion zu erteilen.

Doch es blieben damals Bilder am Schirm, die mich verstörten. Es blieben Formen, grauenhafte Formen des Terrorismus, aus einem doch sehr fernen Land. Erst später gelang es mir, auch in New York das zu sehen, was Paris von Beginn der schrecklichen Tage im Januar 2015 an für mich sein sollte, ein Symbol der Freiheit. Mit Paris war stärker noch als im Fall New Yorks sofort und unmittelbar der Westen getroffen. Fanatisierte Muslime hatten, das Wort ihres Propheten auf den Lippen, Menschen exekutiert, weil sie in deren tatsächlich respektlosem Tun eine Beleidigung Mohammeds erblickten. So gewaltig erschien ihnen der Angriff mit Wort und Bild, dass sie ihn mit einem Angriff auf Leib und Leben meinten rächen zu müssen. So bekundeten es die Brüder Kouachi durch ihre Tat. »Rache für Mohammed!« riefen sie. Ich bin mir sicher, sie meinten, was sie schrien.

Damit hatten die Stunden des Grauens Anfang 2015 begonnen. Am folgenden Tag war von einem zweiten Pariser Anschlag die Rede. Diesmal hatte es einen jüdischen Lebensmittelladen getroffen. Ein Attentäter, der sich mit den Brüdern Kouachi abgestimmt hatte, wollte Juden töten. Leider gelang es Amedy Coulibaly sogar, ehe er dann selbst von der Polizei erschossen wurde, ehe er sich, wie zu lesen war, den Kugeln geradezu entgegenwarf. Der Tod des Mörders vollendet in der verqueren Logik des radikalen

Islam das vermeintliche Glaubenszeugnis. Was war, was ist da nur los in den Hauptstädten des Westens und in den Köpfen solcher Fanatiker? Noch nicht lange liegt es zurück, dass in Brüssel vier Menschen im Jüdischen Museum von Belgien ermordet wurden, im Mai 2014, weil der Täter, ein Muslim mit französischem Pass, Juden hasste. Und in Sydney starben, ebenfalls im Jahr 2014, zwei Menschen bei einer Geiselnahme, bei der der muslimische Geiselnehmer eine Fahne mit dem islamischen Glaubensbekenntnis ins Schaufenster hängen ließ.

Dem Westen also und den Juden als dessen Exponenten ist der Krieg erklärt worden – nur von einer kleinen Minderheit der Muslime, aber in einem Tonfall der Rechtfertigung und der Anklage, der Brücken baut zum Mehrheitsislam. Mit uns, sagen die enthemmten Attentäter von New York, Brüssel, Sydney und Paris, ist nicht zu spaßen. Wir reden nicht, wir handeln. Unsere Reaktion ist eine Aktion, die euch schachmatt setzt. Denn ihr, ihr Westler, mitsamt euren westlichen Werten und dieser Toleranz, auf die ihr so stolz seid, ihr seid Ungläubige, Abgefallene, ja »denaturierte Menschen« – so, erfuhr ich bald, fasst ein Philosoph den Überlegenheitsanspruch des islamischen Menschenbilds zusammen. Auch ich, der Christ, wäre demnach ein Irrtum der Evolution, eine fatale Unmöglichkeit aus koranischer Sicht.

Um die Welt und mich in dieser Welt ein wenig besser zu verstehen, um jene Sorge zu durchdringen, die mich seit dem 7. Januar 2015 nicht verlässt, musste ich genau wissen, was das Feindbild des militanten Islam auszeichnet, den

Westen. Die geistigen Gründungsurkunden las ich, befragte Voltaire und John Locke nach ihrem Bild von Toleranz, aber auch die Bibel. Ich ging in die Schule bei Rémi Brague, Philippe Nemo und Heinrich August Winkler, drei großen Denkern des westlichen Selbstverständnisses unserer Tage. Wohin ich mich auch wendete, überall wurde mir Toleranz als eine Übung in Standhaftigkeit nähergebracht und gerade nicht als gleichförmiges Desinteresse an allem. So aber hat sich der Westen in weiten Teilen in den letzten Jahren entwickelt: zur Vereinigung der Menschen, denen alles egal ist, solange niemand sie beim Lebensgenuss und dessen Verdauung stört. Toleranz aber ist ohne Haltung nicht zu haben.

Das Verhalten von Politik, Medien und Kirchen legt davon ein trauriges Zeugnis ab. Es ist viel zu oft die pure Halt- und Haltungslosigkeit. Aus Angst wie aus Bequemlichkeit regiert in Ansehung des militanten Islam das große Appeasement. Zu den raschesten Äußerungen nach den Attentaten von Paris zählte die quasi regierungsamtliche Beruhigung, derlei habe mit dem Islam nichts zu tun. Islamisten seien letztlich gar keine Muslime. Barack Obama, Präsident der Vereinigten Staaten, äußerte sich kaum klüger; der Islam dürfe nicht diffamiert werden, keine Religion sei für Terrorismus verantwortlich. Welch himmelschreiender Unernst, verstanden sich die Mörder doch als besonders glaubenstreue Fromme auf den Spuren Mohammeds. Vor diesem schlichten Faktum verblasst jede Frage, inwieweit sie sich zu Recht oder zu Unrecht auf diese oder jene Sure beriefen. Es genügt, dass sie es taten, dass sie aus ihrem Bild des Islam die Lizenz zum Mord ableiteten. Also ist es an der Zeit, auch die Gewaltgeneigtheit dieser Religion zu thematisieren.

Das Appeasement des Westens verdient eine mindestens ebenso ernste Anfrage. Was lief da schief in den Schulbänken der Aufklärung zwischen Washington und London, Berlin und Stockholm, wenn der Westen sich zwar sonntags als Wertegemeinschaft begreift, von Montag bis Samstag aber nichts unternimmt, um diese Werte zu verteidigen? Wenn die Selbstzensur fröhliche Urständ feiert und man sich in vorauseilenden Unterwerfungsgesten übt, um weiter an der Illusion festhalten zu können vom friedlichen Nebeneinander von Freiheit und Freiheitsfeindschaft? Lieber ziehen vorgeblich aufgeklärte, in Wahrheit eingeschüchterte Mitteleuropäer potentiell anstößige Karnevalswagen aus dem Verkehr oder sagen Faschingsumzüge wie im Februar 2015 jenen von Braunschweig ganz ab, um den Freiheitsfeinden keine weiteren Angriffsflächen und Anschlagsziele zu bieten, als unverdrossen einzustehen für die Freiheit der Meinung, die Freiheit der Religion, die Freiheit der Versammlung und, sämtliche Freiheiten überwölbend, die Gleichheit aller Menschen von Geburt an.

Die Terrorbrigade »Islamischer Staat« begreift sich auf einem Eroberungszug über das Mittelmeer hin, Rom fest im Blick. Und Rom ist neben Jerusalem und Athen einer der drei Pfeiler dieses großen zivilisatorischen Projekts namens Westen oder Abendland. Fällt Rom, ist der Westen Geschichte. Damit Rom nicht fällt, muss der Westen sich seines inneren Kompasses neu vergewissern. Eine einmalige Vergangenheit, eine ganz außerordentliche Emanzipationsgeschichte, in Blut und Tränen geschrieben, Tränen der Freude wie Tränen des Schmerzes, muss aktualisiert werden – solange deren Restbestände uns noch zu Gebote stehen, wir noch einigermaßen frei greifen können nach dem Quell unserer Freiheiten.

Massiv aufgerüstet hat eine »dunkle Ideologie«, die alles bedroht, was zu lange für selbstverständlich galt, das freie Denken und Leben in einer weitgehend gewaltfreien Gesellschaft des Gemeinwohls und des besseren Arguments. Die dänische Ministerpräsidentin sprach vom Kampf nicht zwischen Islam und Westen, der angebrochen sei, sondern zwischen »Freiheit und dunkler Ideologie«. Was aber ist diese Ideologie anders als das menschenverachtende Wahngebäude radikalisierter Muslime, die dem Westen kein Pardon geben werden?

Von Helle Thorning-Schmidt müssen wir dennoch reden, denn in ihrem Land, in der Hauptstadt Kopenhagen, ereignete sich keine sechs Wochen nach dem Massaker von Paris ein weiterer Anschlag auf den Westen und auf die Juden. Omar Abdel Hamid el Hussein schoss auf die Teilnehmer einer Konferenz über Meinungsfreiheit und Blasphemie und tötete so den Dokumentarfilmer Finn Nørgaard. Später wollte er in das Jüdische Gemeindezentrum eindringen, in dem gerade Bar Mitzwa gefeiert wurde. Der jüdische Wachmann Dan Uzan bezahlte seinen Dienst mit dem Leben. Zwei Morde also hatte der Palästinenser mit dänischem Pass zu verantworten, ehe auch er erschossen wurde – wunschgemäß, vermutlich. Seine Tat trug weiter dazu bei, dass ich die Welt heute mit anderen Augen sehe als in den Jahren vor 2015. Ich frage mich, wie lange ich hier auf den Straßen von Berlin mich noch frei und sicher werde fühlen können, ohne in jedem abweisenden Gesicht einen Attentäter in spe zu sehen und mich nicht aus dem Haus zu trauen. Das nämlich ist das Perfide am Terrorismus: Er kriecht als momentane Sorge in uns hinein und triumphiert als ewige Drohung.

Von all dem will dieses Buch erzählen, vom Suchen und Wiederfinden des Westens also, der in einer seltsamen Lust am eigenen Untergang gefangen scheint, von Liberalität und Unfreiheit, von Religion und Säkularismus, von Toleranz und von deren unbedingten Grenzen, von einer überlebensnotwendigen Haltung. Und schließlich und endlich auch von einer großen Hoffnung, die ich mir nicht nehmen lassen will.

2 KOUACHI, KOUACHI, COULIBALY: DIE PARISER ANSCHLÄGE, DER CHRISLAM UND HOUELLEBECQ

Die Verteidigung hat keinen guten Ruf in diesen Tagen. Zuweilen hört man die alte Weisheit, mit dem Sturm werde ein Fußballspiel, mit der Abwehr die Meisterschaft gewonnen. Selbst in dieser Floskel aber schwingt die Geringschätzung des Spiels nach hinten mit. Der spätmoderne Konsument will Spektakel und Offensive, keine Absicherung, kein Abtasten und erst recht kein Hochamt der Verteidigung sehen. Dabei widerlegt manch hohe Niederlage die Mär von der Flucht nach vorne. Wer sich nur am gegnerischen Tor orientiert, läuft leicht ins offene Messer und wird vernichtend geschlagen. Verteidigung muss sein.

Auf weltanschaulichem Geläuf ist es kaum anders. Eine Mannschaft, die sich nicht zu verteidigen weiß, darf von ihrer Niederlage nicht überrascht sein. Ist der Westen, diese doch noch immer stolze geistige Formation, ist dieses sogenannte Abendland momentan verteidigungsfähig, also auskunftsbereit und redewillig? Natürlich ist Verteidigung nicht im militärischen oder polizeilichen Sinne gemeint, obwohl an der Bereitschaft zur Ultima Ratio sich die Ernsthaftigkeit auch dieser Idee bemisst. Der Westen, verstanden als große Freiheitserzählung, als Projekt und Geschichte in einem, könnte in der Stunde seiner größten Bewährung vor eben dieser Herausforderung kapitulieren. Er könnte seiner Sprachunfähigkeit zum Opfer fallen, könnte implodieren in einem ohrenbetäubenden Schweigen, eingehen an innerer

Auszehrung. Der britische Historiker Niall Ferguson nennt die »vielleicht schlimmste Bedrohung des Westens« nicht den radikalen Islamismus oder »eine andere von außen kommende Kraft, sondern unser mangelndes Verständnis für und fehlendes Vertrauen in unser eigenes kulturelles Erbe«.

Mindestens zweierlei wäre also nun zu tun: das eigene Erbe zu identifizieren – und den Mut aufzubringen, es standhaft und konsequent, ohne Feigheit und ohne Kompromisslertum, aber auch gelassen zu verteidigen. Die Schwierigkeiten, vom Eigenen zu reden und dafür einzutreten, sind indes ebenso enorm wie die Probleme mit der Verteidigung als Gestus und Haltung. Wer sich verteidigt, der gibt zu, dass er die Wand schon im Rücken, das Messer am Hals spürt, dass es ihm derzeit nicht um Terraingewinne, sondern um Standhalten zu tun ist. Wer sich weiterhin erdreistet, ein spezifisch Eigenes auszumachen, sieht sich mit dem Verdacht konfrontiert, das hohe moralische Ross bestiegen und das Andere, das Fremde von dort oben abqualifiziert zu haben, also ein schlimmer Kulturimperialist zu sein. Womit en passant die dritte enorme Schwierigkeit einer solchen Verteidigung des Westens benannt wäre: Wir müssen von Kultur reden, nicht von Ökonomie, Jurisprudenz oder Body-Mass-Index; auf Zahlen können wir kaum bauen in einer Welt, die ganz aus Zahlen gemacht ist. Das macht es nicht leichter, doch haben wir eine Wahl, wir Menschen des Westens? »Wenn andere Kulturen nicht kritisiert werden dürfen«, schreibt Carlo Strenger, »kann man die eigene nicht verteidigen.« Der Philosoph und Psychologe Schweizer Abstammung, lehrend in Tel Aviv, rechnet sich den Linksliberalen zu und weiß doch auch: Viele »Vertreter der freien Welt, vor allem auf der linken Seite des politischen Spektrums«, tun sich schwer damit, »ihre Lebensform ernsthaft zu verteidigen«. Eine Kultur, ein Projekt und eine Geschichte, ein Prinzip ist der Westen, eine Lebensform aber auch – und zwar jene, die dem Menschen letztlich am meisten entspricht. Trotz aller Abgründe und Dunkelheiten, vor denen das westliche Denken nicht schützt, hat es einen unüberbietbar faszinierenden, verheißungsvoll funkelnden Kern, eine Hoffnung im Innersten, die besagt: Der Mensch ist fähig zur Freiheit.

Interessanterweise kommt in Niall Fergusons »sechs Killerapplikationen, die der Westen entwickelte und die der übrigen Welt fehlten«, die Freiheit nicht explizit vor. Dennoch ist seine unglücklich, da martialisch betitelte Sechser-Liste aufschlussreich. Ferguson beginnt mit dem Wettbewerb, fährt fort mit der »wissenschaftlichen Revolution, insofern als alle größeren Umwälzungen in der Mathematik, Astronomie, Physik, Chemie und Biologie in Westeuropa stattfanden,« und dem Rechtsstaat, der auf privatem Eigentum und einer gewählten Legislative beruhe. Die vierte Erfolgs-App des Westens sei die moderne Medizin, die fünfte die Konsumgesellschaft, die letzte die Arbeitsethik. Gemischt ist dieses Bündel, und ich sehe vor meinem inneren Auge schon die Fahnen des Protests wehen. Der Wettbewerb sei zum Sozialdarwinismus verkommen, die Wissenschaft habe alle moralischen Skrupel hinter sich gelassen, das Recht könne beugen, wer über hinreichende Mittel verfüge, das Gesundheitswesen pendele zwischen Apparate- und Zwei-Klassen-Medizin, der Konsum terrorisiere den Konsumenten, die Arbeitsethik habe Burn-Out, Depression und Suizidalität hervorgebracht – willkommen in der schönen neuen Warenwelt des Westens!

Keiner dieser Einwände ist aus der Luft gegriffen, doch keiner stimmt ganz. Freiheit, die alle sechs Errungenschaften verbindende Ursprungsqualität, kann ausschlagen zum Wunderbaren wie zum Schrecklichen, zum Scheitern wie zum Gelingen. Diese Wahl zu haben, dieser Verantwortung sich jeden Tag aufs Neue stellen zu müssen, stellen zu dürfen, macht die Größe des westlichen Selbstentwurfs aus. Anders als in ideologisch fest verfugten Gesellschaften richtet sich die Frage nach dem guten Leben an jeden Einzelnen. Selbstverständlich ist solche Blickrichtung nicht. »In der arabisch-muslimischen Welt«, schreibt der marokkanische Schriftsteller Tahar Ben Jelloun, »ist der Einzelne bisher nicht in Erscheinung getreten. Was zählt, ist die Umma, die muslimische Nation, der Klan, der Stamm und die Familie.« Frei nach Karl Valentin ließe sich sagen: Freiheit ist schön, macht aber viel Arbeit. Sie verlangt den neugierigen Menschen, der nicht zuletzt von sich selbst sich immer wieder überraschen lässt. Wo die Schattenseiten des westlichen Lebensmodells kritisiert werden, zeigt diese Kritik die Stärke des Kritisierten. Westen meint immer auch Kritik am Westen, der solche Widerworte zulässt, ja herausfordert. Die Uneinigkeit, so Ferguson, ist ein wesentliches Merkmal der westlichen Zivilisation. In Nordkorea Nordkorea zu kritisieren, in Saudi-Arabien die Herrscherfamilie wäre ein einmaliges und vermutlich tödliches Abenteuer.

Vielleicht ist es bezeichnend für einen wirtschaftsliberalen Angelsachsen wie Ferguson, dass er das in vielerlei Hinsicht primäre Betätigungsfeld der Freiheit außen vor lässt, die Freiheit zum Schönen. Natürlich hat die westliche Ästhetik nach dem Jahrhundert der beiden Weltkriege, nach Giftgas und Materialschlacht, nach Shoah und Lager vielerorts Abschied genommen von einer ungebrochenen Schönheit der Proportionalität, vom eingängigen Kunstschönen. Der goldene Schnitt wird in einer Welt, die aus den Fugen geriet, zum falschen Schein; im Banne von Adornos Negativer Ästhetik stehen wir ausnahmslos. Dennoch ist das eigene kulturelle Erbe, dessen Bestandteile lebenskräftig bleiben bis zum Tag ihrer Neuaneignung, unvollständig ohne Kunst in all ihren Formen. Ob der Mensch, wie Schiller hoffte, erst da ganz Mensch wird, wo er spielt, sei dahingestellt. Gewiss aber ist die spielerische Suche nach dem je treffenden Ausdruck für das Menschliche – und sei es mitunter grob oder derb, hässlich oder gar obszön – der zentrale Impuls der Kulturgeschichte des Westens.

Spezifisch westlich, nicht unbedingt universal ist dieser Drang und sind es erst recht die Wege, ihm stattzugeben. Wo die Schere im Kopf schneidet, hat der Westen abgedankt. Zur Wahrung, zur – um das heikle Wort aufzugreifen – Verteidigung des Westens bedarf es auch eines Bekenntnisses zur Freiheit der Kunst als einer Disziplin des Menschlichen. In der Kunst denkt der Mensch über sich nach und gelangt zu einer individuellen Antwort. Diese wiederum ist wie alles, was der Mensch hervorbringt, von sehr heterogener Qualität. Die Freiheit der Kunst birgt in sich die Freiheit der Rezeption, das Risiko, verstanden oder missverstanden, geschätzt oder abgelehnt zu werden. Freiheit macht Unterschiede offenbar und widersteht dem Furor einer totalen Gleichheit, wie sie nur unfreie Gesellschaften zur Staatsräson erheben können. Ergo gilt es, um den Feinden der Freiheit zu wehren, das Recht auf Differenz zu verteidigen.

Carlo Strenger weist darauf hin, dass die wahrheitsunempfindlichen Kulturrelativisten, die fremde Bräuche und unbegriffene Religionen unbesehen respektieren, bereits »die Vorstellung, Bachs h-Moll-Messe könne wertvoller sein als irgendein Popsong oder die Musik eines afrikanischen Stammes«, dem »heiligen Zorn« ihrer politischen Korrektheit zum Opfer darbrachten. Inkorrekt, aber wahr müssen wir deshalb die Mahnung des indischen Philosophen und Publizisten Vishal Mangalwadi nennen, Musik sei »in der westlichen Geisteshaltung so selbstverständlich und so sehr verankert (...), dass sie zentral und als etwas Natürliches zum Leben dazugehört«, während »nach der Lehre des traditionellen Islams Musik *haram*, unzulässig« sei. Mangalwadi beruft sich auf die Suren 17, 64 und 31, 6 und 53, 59-62 und »Theologen in der Tradition der von Ibn Masud, Ibn Abbas und Jaabir nach Mohammeds Tod entwickelten Koranauslegung« und setzt hinzu: »Andere Interpreten tendieren zu der Sichtweise, dass der Koran Musik nicht verbietet.« Der muslimische Gelehrte Muhammad Hamidullah nennt die melodiöse Koranrezitation eine »nur den Muslimen eigene Kunst. (...) Auch die Musik und der Gesang haben sich unter dem Patronat von Königen und wohlhabenden Muslimen entwickelt.« Auf dem Feld der Uneinigkeit, scheint es, muss sich der Islam nicht unbedingt hinter dem Westen verstecken.

Schon einmal nahm einer es auf sich zu verteidigen – einer, dessen Fußstapfen mir zu groß sein müssen. Erinnert sei dennoch aus gleich einleuchtenden Gründen an genau dieser Stelle an den britischen Essayisten und Lyriker und Romancier und Journalisten und Philosophen Gilbert Keith Chesterton, zu dessen Nachruhm die über die Maßen erfolgreichen 50 »Father Brown«-Geschichten ungünstig beitrugen. So blieb er, zumal im deutschsprachigen Raum, überliefert als der dicke Engländer mit den lustigen Pfaffenkrimis. Weniger gerecht kann man seinem Werk nicht werden. Es ist eine humorvolle und lebenskluge Enzyklopädie des Menschlichen in fast allen literarischen Gattungen und zu fast allen Fragen des Individuums und seiner Gattung, ein Kompendium der Seele, mit Geist und Herz und jeder Menge Verstand geschrieben. Nach seinem Tod 1936 verlieh Papst Pius XI. dem vom anglikanischen zum römisch-katholischen Bekenntnis Konvertierten den Titel »Defensor Fidei«, »Verteidiger des Glaubens«.

Nicht in dieser Traditionsspur aber bewegt sich die Aufgabe der Stunde. Kein Glaube, sondern die Freiheit soll hier verteidigt werden im Rahmen des sie trotz alledem am besten bergenden Bezugsrahmens, der westlichen Zivilisation. Chesterton legte 1901, im zarten Alter von 26 Jahren, unter dem Titel »The Defendant« insgesamt 16 Verteidigungen ansonsten nicht eben häufig verteidigter Gegenstände oder Bräuche vor. Er verteidigte den Schundroman, die Öffentlichkeit, die Tageszeitungen, Kitschfiguren und auch den Unsinn. Stets tat er es durch eine Vielzahl überraschender Paradoxien und Querbezüge. Bildlichen Symbolen etwa widmete er sich aus Sorge um die Demokratie; diese müsse wie die glücklich überwundene Aristokratie eine Heraldik haben, »ein stolzes und leuchtendes Schaugepräge, wenn sie sich stets ihrer eigenen hohen Sendung bewusst sein soll«. Kaufleute, Briefträger, Apotheker sollten Wappen tragen, denn »es gibt einen Weg vom Auge zum Herzen, der nicht durch den Verstand geht«.

In der Einleitung zu »The Defendant« erklärt Chesterton, er habe sich »eingebildet, dass die Hauptaufgabe eines Menschen, so gering er auch sein mag, Verteidigung ist. Ich habe begriffen, dass ein Verteidiger besonders dann vonnöten ist, wenn Weltlinge die Welt verachten«. So fing er denn an, das Kleine zu verteidigen, das Gewöhnliche, die tausend bunten Farben der Welt, die deren Herren zu eintönig geworden seien, den Großen und Großkopferten, den Reichen und Intellektuellen auf ihren Hochsitzen. Das häusliche Leben verteidigte er in seinem Werk ebenso wie die armen Leute, das Bier und den Burgunder. So lag es nahe, dass später, im Jahr 1926, Chesterton sich der Frage widmete, wie den kleinen Leuten ihr Auskommen am besten zu sichern sei. Die Antwort, die er gemeinsam mit dem Schriftstellerkollegen Hilaire Belloc in einer Fülle von Artikeln entwickelte, hieß Distributismus.

»Der Distributismus«, schreibt ein erfolgreicher zeitgenössischer Schriftsteller, »verstand sich als ›Dritter Weg‹, der sich sowohl vom Kapitalismus als auch vom Kommunismus – der mit einem Staatskapitalismus gleichgesetzt wurde – abhob. Seine Grundidee war die Aufhebung der Trennung zwischen Kapital und Arbeit. Die normale Form der Wirtschaft stellte für ihn das Familienunternehmen dar.« Der erfolgreiche zeitgenössische Schriftsteller heißt Michel Houellebecq, und er lässt eine wichtige Figur seines am 7. Januar 2015 in Frankreich erschienenen Romans »Unterwerfung« distributistische Thesen vertreten. Jener muslimische Präsident Frankreichs, den Houellebecq für das Jahr 2022 imaginiert, Ben Abbes, erreicht den wirtschaftlichen Aufschwung, indem er Chestertons »ökonomische Philosophie« (Houellebecq) in die Tat umsetzt.

Chesterton zieht in mehr als einer Hinsicht die thematischen und gedanklichen Fäden der »Unterwerfung«. Die Selbstaufgabe des Westens im Angesicht des Islam wurde von dem Briten bereits 1914 in einem Roman durchgespielt, hundert Jahre, ehe Houellebecq sich in derselben Absicht an den Schreibtisch setzte. Und so wie Mohammed Ben Abbes kein Eiferer ist, sondern »sanft und schnurrend« sein Programm entwickelt – gerade so ist Mister Misysra Ammon ein freundlicher Prophet. Der »kleine alte Mann mit einem Eulengesicht und einem rotem Fez« bezirzt in Chestertons Zukunftsgroteske »Das fliegende Wirtshaus« die bessere Gesellschaft, die Medien und die Politik in einem England, in dem der »Chrislam« herrscht: eine angeblich menschenfreundliche Verbindung von Christentum und Islam unter muslimischer Oberhoheit.

Misysra Ammon punktet in den höheren Kreisen, denen Chesterton lebenslang Skepsis entgegenbrachte, weil Ammon den Islam als eine humanistische Wellness-Religion anpreist. Ammon spricht im Namen einer »höheren vegetarischen Ethik«, die zum Wohl des Menschen einen großen Bogen um das Schwein macht. Er lobt das Alkoholverbot, das die britische Regierung auf Druck der zuvor in einem Krieg siegreichen Türkei eingeführt hat und das vom britischen Topdiplomaten Lord Ivywood geadelt wird. Der Islam, erklärt Ivywood, sei »die fortschrittlichste aller Religionen«, sie halte die »gefährliche verführerische Kraft des Weines« in Zaum. Die Elite, daran lässt Chesterton keinen Zweifel, beugt sich dem Joch des Chrislam sofort. Es ist das kleine Volk, das rebelliert, weil es sich seinen Spaß an Fleisch und Rum nicht nehmen lassen will. »Gott«, sagt der Rädelsführer wider den Chrislam, ein irischer Kapitän, »Gott will, dass der Mensch seinen Spaß haben soll.«

Bei Houellebecq spielen die Zeitungen ihren Part durch Verschweigen und Abwiegeln. Die »enge Kaste« der französischen Medien hält zusammen, so wie bei Chesterton ein Journalist durch breit getretene Belanglosigkeiten »die Gehirne aller Zeitgenossen in Unordnung brachte«. Ein hochrangiger Pariser Wissenschaftler und Beamter, typisches Mitglied der Elite, sieht im Islam des Ben Abbes die »vollendete Form eines neuen, alles wiedervereinigenden Humanismus«. Es sei Zeit »für eine gütliche Einigung mit dem Islam«. Der Staatspräsident selbst verspricht »Einklang und Harmonie mit den großen spirituellen Traditionen unseres Landes«, auch mit Judentum und Christentum. Der neue Präsident der von Saudi-Arabien aufgekauften Universität Sorbonne verteidigt, ganz auf Misysra Ammons Spuren, die Polygamie. Sie vollende das »Schicksal der Gattung«. Chestertons »Prophet des Mondes« deutet sie zur besonderen Wertschätzung der Frauen um, denen sie »die Möglichkeit gibt, in so großer Zahl vertreten zu sein«.

Letztlich sind sich Chesterton und Houllebecq mit Nietzsche einig: Der Islam ist eine Religion der Männer. François, die erzählende Ich-Figur, Houellebecqs Alter Ego, tritt der Konversion näher, als er sich von dem Gedanken erwärmen lässt, künftig »eine vierzigjährige Ehefrau für die Küche, eine fünfzehnjährige für andere Dinge« zu haben. Chesterton wiederum brachte 1920 von einer Reise in das türkisch regierte Heilige Land sein Buch »Das neue Jerusalem« mit. Er traf dort unter anderem den Großmufti von Jerusalem und den Bürgermeister. Bezeichnenderweise ließ Chesterton seine Expedition in Paris beginnen, am Platz der Freiheit, die überlebensgroße Marianne im Blick. So wurde die Frage nach der Freiheit zu »Ursprung und Richtschnur« seines Aufbruchs in die Wüste. An französischer Elle maß er Mohammed.

Der Islam ist in Chestertons Augen »ein bewundernswerter Verfechter der Gleichheit der Menschen, aber es handelt sich nur um Gleichheit für das männliche Geschlecht. (...) Der männliche Muslim ist insbesondere in seiner eigenen Familie König und Priester und Richter«. Als einer spezifischen Wüstenreligion fehle es dem Islam an »menschlicher Vielgestaltigkeit«, an der Kraft der Differenz. Schon das Credo »Gott ist Gott« deute auf Tautologie als Prinzip. Folglich gebe es wenig Entwicklung, nur stete Neuanfänge – kaum anders argumentiert 70 Jahre später Dan Diner mit seinem Konzept der im und durch den Islam »versiegelten Zeit«. Diner zufolge besteht die islamische Utopie nicht in einem Ausbruch nach vorne, sondern in der Rückkehr zu einer idealisierten Vergangenheit, zur Zeit der ersten Muslime zwischen 622 und

661, während der Westen sich »eine heilsgeschichtlich säkularisierte Orientierung in Gestalt des Fortschritts« erhoffe.

Chesterton erblickt in diesem »Wiederholungszwang« (Diner) der Muslime die »tiefe und fast gefährliche Möglichkeit zum Fanatismus«: »Der Islam nimmt alles buchstäblich und versteht nicht, mit einer Sache zu spielen. (...) Der Mann der Wüste neigt zu allzu starker Vereinfachung und hält die erste Wahrheit für die letzte Erkenntnis.« Die Neigung des Individuums zum schöpferischen Spiel, Grundbestandteil der westlichen Weltwahrnehmung nicht erst seit Schiller, hat demnach in der islamischen Welt keine vergleichbar starke Ausprägung. Auf der Habenseite erblickt Chesterton bei den Muslimen das »Ideal der Beharrlichkeit«, woran es einem neuerungssüchtigen Christentum mangele, und eine besonders »würdige und geistige Atmosphäre« unter frommen Muslimen.

Michel Houellebecq greift die Zurüstungen zum Bürgerkrieg, die er im ersten Teil seines Romans schildert, später nicht mehr auf. Wir können nur vermuten, dass die staunenswerten politischen Erfolge unter Ben Abbes die anfänglichen Konflikte zwischen der radikalen Rechten und den radikalen Muslimen stillgestellt haben. Es dürfte ein Friede auf Zeit sein. Die Frage nach der islamischen Suprematie in Europa ist mit der Machtübernahme anno 2022 an der Seine nicht beantwortet. Bei Chesterton treffen die Truppen des irischen Rebellen und ein türkisch-englisches Gemeinschaftsheer aufeinander. Allerdings ist das waffenstarrende Finale im »Fliegenden Wirtshaus« dann »weder

Erlebnis noch bloße Vision«. Die Zukunftsgroteske bleibt der Alptraum eines Schelms.

Bei Houellebecq wie dem durch ihn aktualisierten Chesterton findet eine doppelte Unterwerfung statt. Die Muslime unterwerfen sich, wie es dem Wortstamm des Islam entspricht, den Geboten und Gesetzen von Koran und Sunna, der Westen unterwirft sich in vorauseilendem Gehorsam und blinder Toleranz den Machtansprüchen einer selbstbewussten Minderheit. Die Abdankung des Westens ist ihrer beider Thema. Während es aber im ersten Drittel des 20. Jahrhunderts eines sehr feinfühligen ästhetischen Sensoriums bedurfte, um aus den Spurenelementen dieser Gefahr einen Schelmenroman zu bauen, hat Houellebecq die losen Enden zusammengefügt, die vor unser aller Augen dem ersten Drittel des 21. Jahrhunderts ein zerklüftetes, schroffes Bild geben. Toleranz wird beschworen als Kernaufgabe des Westens (was sie gewiss ist), und Intoleranz wird geduldet, als sei Toleranz ein Freifahrschein für jede Narretei (was sie gewiss nicht ist). Zunächst muss der Westen an seine eigene Geschichte erinnert werden: Toleranz meint die Duldung dessen, was man ablehnt. Sie verlangt zwingend eine eigene Haltung, einen eigenen Standpunkt – doch woher nehmen und nicht stehlen? Wem alles egal ist, auch das eigene Wertegerüst, der ist nicht tolerant, sondern ignorant. »Toleranz«, das ließ Thomas Mann eine Romanfigur sagen, »wird zum Verbrechen, wenn sie dem Bösen gilt.«

Nun wird kaum jemand die schrecklichen Ereignisse in Paris, die am Erstverkaufstag von Houellebecqs »Unterwerfung« begannen – welch schlimme Koinzidenz –, tolerieren, also dulden und damit entschuldigen wollen. Das Blutbad in den Räumen der Redaktion von »Charlie Hebdo« und die tödliche Jagd auf Kunden eines jüdischen Supermarkts, 17 Morde im Namen des Islam beziehungsweise einer besonders rigiden Islam-Interpretation, haben weltweit Entsetzen und Abscheu hervorgerufen. Doch überraschend schnell setzte sich die Appeasementmaschine wieder in Bewegung. Das »Ja, aber« kehrte zurück: Ob die Macher der religionsfeindlichen Zeitschrift es nicht in ihrem Spott übertrieben hätten. Ob man denn jede Provokation drucken müsse. Bundesinnenminister Thomas de Maizière von der Christlich Demokratischen Union Deutschlands verstieg sich zu der Behauptung, solche »terroristischen Anschläge haben nichts mit dem Islam zu tun«. Woraus erhellt, dass de Maizière sowohl Koranexeget als auch Psychiater mit der Lizenz zur Ferndiagnose sein muss.

Hart ging die FAZ mit ihm ins Gericht: Seine »Behauptung, das Massaker von Paris habe nichts mit dem Islam zu tun,« habe »die Qualität der Feststellung, der Archipel Gulag habe nichts mit dem Stalinismus zu tun, da Stalin die Befreiung, nicht die Einsperrung der Arbeiterklasse propagiert habe. Denn der Stalinismus war eine Ideologie der Liebe – lässt sich mit Stalin-Zitaten belegen. (...) Es kommt nicht darauf an, was im Koran steht. Sondern darauf, wie das Geschriebene interpretiert wird.« Die Antithese zu de Maizière stammt von der tapferen Ayaan Hirsi Ali, die die Abkehr von der Religion ihrer Familie fast mit dem Leben bezahlt hätte: »Wir müssen den Islam für die Taten seiner gewalttätigen Anhänger verantwortlich machen.«

Wäre ich Franzose, ich hätte mir »Charlie Hebdo« nicht gekauft. Das derbe Wüten gegen alle Religion, der bildnerische Versuch etwa, die Heilige Dreieinigkeit als pornografische Ménàge a trois unter Männern darzustellen, oder die Obszönitäten, mit denen Kirche und Papst zu Ausgeburten der Hölle verunstaltet wurden, stießen mich ab. Die Frage des in London lehrenden Religionsphilosophen Johannes Hoff, aufgeworfen in der Zeitschrift »Communio« 2/2015, ist keine rhetorische: »Muss das Entsetzen über einen menschenverachtenden islamistischen Anschlag sich denn notwendigerweise darin Ausdruck verschaffen, dass man sich mit der säkularistischen Ideologie von Islamhassern identifiziert?« Ich trug nicht das in den Tagen nach dem Attentat wohlfeil dargebotene Label »Je suis Charlie« am Revers. Es wäre Etikettenschwindel, Zeitgeist-Surfing und Leichenfledderei in einem gewesen.

Dennoch: In einem gewissen Sinn sind wir alle, wir Menschen des Westens, Charlie. Wir müssen uns mit diesem spezifisch französischen Spross radikaler Laizität, der sich selbst als »gemein und böse« tituliert, nicht unbedingt, wie Hoff unterstellt, identifizieren. Sehr wohl aber mussten weite Teile der Redaktion sterben, weil sie ein Recht für sich in Anspruch nahmen, das untrennbar zu den Freiheitsrechten des Westens zählt, das Recht auf eigene Meinung, auch in Ansehung der Religion. Ihre anstößigen Titelbilder waren genau das, was man risikolos zusammengeschnürten Leitartikeln zu leicht unterstellt: meinungsstark. Es mag eine falsche Meinung gewesen sein, vielleicht sogar eine garstig verblendete. Meinungsfreiheit aber ist nie an die Qualität der jeweiligen Meinung gebunden. Gerade die fremde, die abwegige, die von wenigen geteilte Meinung ist der Prüfstein für die Toleranz einer Gesellschaft. Worüber Einigkeit herrscht, darüber muss man nicht streiten. Wenn das Applausometer ganz ausschlägt, fallen Ende der Debatte und Ende der Freiheit zusammen.

Sterben mussten auch der Polizist und tunesienstämmige Muslim Ahmed Merabet, den die Brüder Kouachi auf offener Straße hinrichteten, ihn, bereits am Boden liegend, mit einem Kopfschuss ermordeten, und vier zufällige jüdische Kunden eines Ladens für koschere Lebensmittel, den sich Amedy Coulibaly zum Anschlagsziel erkoren hatte. Nicht »Rache für Mohammed«, wie es die beiden enthemmten Brüder in Paris schrien, war hier das Motiv, sondern Judenhass. Vier Juden starben, weil sie Juden waren, aus keinem anderen Grund. Neben »Je suis Charlie« und »Je suis Ahmed« vervollständigt erst ein »Je suis Juif« die Trikolore der Trauer. Der die Städte des Westens heimsuchende Radikalislam ruht auf einem beängstigend stabilen Antisemitismus.

3 »DAS HAT NICHTS MIT DEM ISLAM ZU TUN«: DIE BRIGADE MIT DEN BERUHIGUNGSPILLEN RÜCKT AUS

Bedrückend waren die Versuche seitens der Pariser Administration, den israelischen Ministerpräsidenten Benjamin Netanjahu davon abzuhalten, am Solidaritätsmarsch teilzunehmen. Er kam dennoch an die Seine, ging gemeinsam mit Amtskollegen, unter anderem aus Deutschland, Mali, Italien, Spanien, Polen, Palästina, durch einen Sicherheitsabstand vom Rest der Demonstranten getrennt, ein Stück des Weges mit. Angeblich war der Ratschlag zum Fernbleiben aus der Sorge geboren, das Zeichen gegen den Terror könne durch den Nahostkonflikt überschattet werden. Zugleich aber lässt sich der Eindruck nicht von der Hand weisen, nur der ferne Jude sei ein guter Jude. Nicht nur in Frankreich ist kaum etwas politisch so unerwünscht, wie »den speziellen Hass radikaler Muslime auf Juden zur Sprache zu bringen« – so das Online-Portal *Israelnetz*. Dort ist auch die anfängliche Formulierung der öffentlich-rechtlichen »Tagesschau« zum Massaker im jüdischen Supermarkt hinterlegt: »Bei der Geiselnahme hier im Südosten von Paris starben später dann vier Geiseln, wohl alle durch die Schüsse des später getöteten Geiselnehmers.« Geiseln starben also, wurden nicht ermordet, und dass es Juden waren, soll der Nachrichtenkonsument lieber nicht erfahren. Solche Fälle feigen Einknickens und fataler Wirklichkeitsbeugung sind es, die die Freiheit des Westens untergraben. Henryk M. Broder konstatiert aus diesem Anlass: »So ist es eben, die einen sterben friedlich im Bett, die anderen bei einer Geiselnahme. Deutschlands politische Klasse und die mit ihr verbandelte Kulturelite verbeugen sich umso tiefer vor der ›Religion des Friedens‹, je mehr Verbrechen in deren Namen begangen werden.«

Viele Juden wissen, dass ihnen im Zangengriff zwischen rechtsextremem und muslimischem Hass keine schöne Zukunft beschieden ist und dass sie eher nicht auf die Wehrhaftigkeit des französischen Laizismus setzen sollten. Allein 2014 sind rund 7000 Juden nach Israel ausgewandert, etwa doppelt so viele wie im Jahr zuvor. Ergänzt wird die Zahl der jüdischen Emigranten durch die Aberhundert, die in die Vereinigten Staaten, nach Kanada oder Australien sich verabschiedeten. Laut Innenministerium ist annähernd die Hälfte der rassistischen Gewalttaten gegen Juden gerichtet, die bisher weniger als ein Prozent der Bevölkerung ausmachen, mit rapide sinkender Tendenz. Es sind, schreibt die »Süddeutsche Zeitung«, »fast ausnahmslos Jugendliche oder junge Männer aus muslimischen Familien, die für die antisemitischen Übergriffe verantwortlich sind. (...) Es gibt eine Art popkulturellen Islamofaschismus, der in den Vorstädten mittlerweile widerwärtige Folgen zeitigt.« Dass auch jenseits der Banlieues, in den vorgeblich musterdemokratischen Ländern Skandinaviens der Antisemitismus reiche Beute macht, ist keine neue Erkenntnis. Schon 2012 erklärten Vertreter der jüdischen Gemeinde in Malmö laut der Tageszeitung »Die Welt«, »der Hass stamme nicht mehr in erster Linie von Rechtsextremen und Neonazis, sondern von Einwanderern aus muslimischen Ländern«. In Norwegen, hieß es in derselben Zeitung, stimmen über 20 Prozent der Aussage zu, »die Juden hätten einen zu großen Einfluss auf die internationale Wirtschaft«.

Der Pariser Solidaritätsmarsch hat nicht verhindern können, dass Mitte Februar 2015 viele hundert Gräber auf einem jüdischen Friedhof im Osten Frankreichs geschändet wurden. War der Marsch sowieso ein sinnloses, »abstoßendes Spektakel«, wie der Philosoph Slavoj Žižek urteilt? »An jenem Sonntag hielten politische Größen aus der ganzen Welt miteinander Händchen, von David Cameron bis Sergei Lawrow, von Benjamin Netanjahu bis Mahmud Abbas. Wenn es je ein Bild der Heuchelei gab, dann dieses.« In den Augen des Marxisten aus Ljubljana sind die öffentlich so traurig dreinblickenden Herren genau jene Politiker, »die für den Schlamassel verantwortlich sind, in dem wir stecken,« den Schlamassel eines neoliberal zugespitzten Weltkapitalismus. Žižek sieht zudem den »Aufstieg des radikalen Islamismus (...) in genauer Wechselwirkung mit dem Verschwinden der säkularen Linken in den muslimischen Ländern.« Darum müsse die radikale Linke gemeinsam mit den Liberalen die zentralen Werte des Liberalismus retten.

Dass es um diese nicht zum Besten steht, je weiter sich der Betrachter vom alten Europa entfernt, zeigten die Tage nach dem Terror, als die Tränen nicht trocknen wollten, der Groll nicht wich, das Unbehagen blieb. Auch in der Trauer ließ sich die französische Nation nicht einen. Das landesweit angeordnete Gedenken fand nicht überall Unterstützung, in 70 Grund- und Sekundarschulen verweigerten sich Schüler der Schweigeminute – bei rund 64 000

Schulen einerseits eine Petitesse, andererseits eine Minderheit von hoher Symbolkraft. Derselbe Ungeist sprach aus dem geschmacklosen Hashtag, der bei Twitter zirkulierte, #WirhabenMohammadgerächt, und dem Motto eines konkurrierenden Erinnerns, »Je suis Kouachi«. In der Türkei gab bei einer Umfrage von »Metropoll« unter knapp 2800 Personen rund ein Fünftel an, die Mitarbeiter von »Charlie« hätten ihre gerechte Strafe für die Veröffentlichung von Mohammed-Karikaturen erhalten. Den Mördern flicht Lorbeerkränze, wessen Gott ein unfassbar reizbares Wesen ist. Nur mit Blut muss es zu besänftigen sein, dieses ins Jenseits verlegte Wesen, das vor jedem Lachen erzittert und irdische Schergen in wachsender Zahl sich zieht.

Bereits eine Woche nach dem Anschlag erschien eine Spezialausgabe von »Charlie Hebdo«, Dokument eines bewundernswerten Beharrungswillens. Auf dem Cover vergoss Mohammed eine Träne. Sie konnten es also nicht lassen, das Spiel mit dem Feuer? Oder war es die ultimative Versöhnungsgeste? Der traurige Mohammed hielt vor grünem Hintergrund, einem Hintergrund also in der Farbe der Hoffnung und des Islam zugleich, ein »Je suis Charlie«-Schild in Händen, und hinter ihm, über ihm war in derselben Schrift des Karikaturisten Renald Luzier zu lesen »Tout est pardonné« (»Alles ist vergeben«). Wer nun wem wofür vergab, darüber ließ sich streiten. Die Angehörigen der Opfer den Tätern? Wohl kaum. Mohammed seinen Kritikern, mit denen er sich in eine Reihe stellte? Das wäre ein letztlich christlicher Gedanke, der an den Topos vom mitleidenden Gott erinnert, vom Kreuz noch Vergebung herabrufend auf jene, die nicht wissen, was sie tun. Oder war es eine, wie Johannes Hoff argwöhnte, anmaßende Vereinnahmungsstrategie: »Wer sich das Toleranzprinzip zu Herzen nimmt, hat sich demnach mit Charlie Hebdo zu befreunden«?

Die Deutung war umstritten, das Resultat verheerend. Wieder floss Blut. Das menschlich anrührende Bild eines weinenden Propheten offenbarte systemische Defekte. Im westafrikanischen Niger wurden französische Flaggen verbrannt, Straßenblockaden errichtet, warfen Hunderte Demonstranten Steine auf Polizisten, die sich mit Tränengas revanchierten. Junge Männer – der politische Islam ist »eine Jugendbewegung, spezieller eine Jungmännerbewegung« (Peter Sloterdijk) – griffen zu Eisenstangen, zu Knüppeln. Mindestens zehn Menschen sterben, in der Stadt Zinder werden zwanzig Kirchen angezündet, abgefackelt, niedergebrannt. Damit ist die Hälfte aller Kirchen des Landes seit dem 18. Januar 2015 zerstört oder stark beschädigt. Die muslimische Mehrheit lässt es die christliche Minderheit von gerade zwei Prozent spüren, was es heißt, Macht zu haben, Zorn und einen Gott, dem sie alle Rachebegierde dieser Welt unterstellt. Das Tun der ebenso wenig christentum- wie islamfreundlichen, der strikt säkularistischen und damit prinzipiell religionsskeptischen Zeitschriftenmacher aus Paris wird weit hinten auf afrikanischen Straßen für ein Ausdruck des Christentums gehalten, für christliches Tun, das Tun christlicher Menschen. Mehr falsch als richtig und doch nicht ganz irrig ist dieser Kurzschluss. Der Westen mitsamt seinen tragenden Konzepten von Meinungsfreiheit, Religionsfreiheit, Pluralismus und Toleranz wäre nicht zur Welt gekommen und lebte nicht fort ohne einen starken biblischen Grundimpuls.

Proteste wider den weinenden Propheten schürten dessen Jünger auch in Mali, Senegal, Mauretanien, Sudan, fast immer nach dem Freitagsgebet, oft ohne Personen- und Sachschäden, sieht man von der brennenden Trikolore ab. Ende Januar versammelten sich in Kabul Hunderte Freunde der Taliban, wünschten Frankreich und allen Ungläubigen lauthals den Tod. Die Polizei griff ein, zwei Menschen sollen dabei umgekommen sein. Wenige Tage darauf erklärte Ghulam Ahmad Bilour, ehedem Eisenbahnminister in Pakistan, nun Abgeordneter, er gebe 100 000 Dollar den Erben der »Charlie Hebdo«-Attentäter und weitere 200 000 Dollar den noch zu findenden Mördern der »Charlie«-Eigentümer. Angriffe auf »unseren heiligen Propheten, Friede sei mit ihm«, toleriere er nicht. Eine interessante Pointe: Der Mord ist aus dieser radikalislamischen Sicht geboten, sobald die scharfe Grenze der Toleranz erreicht ist, als totalitär-toleranter Gewaltakt gewissermaßen. Mit dieser Denkfigur ist im Westen kein Staat zu machen, wo viele Mittel durch schlechterdings keinen Zweck zu heiligen sind.

Bilour mag sich zu seiner barbarischen Anstiftung zum Mord ermuntert gefühlt haben durch islamische Autoritäten. Tapfer berichtet Tahar Ben Jelloun in »Der Islam, der uns Angst macht« nicht nur vom »völligen Mangel an Erziehung« bei den Pariser Attentätern, sondern auch von den relativierenden Reden hochrangiger Gelehrter. Ashraf Adli, Professor an der Kairoer Al-Azhar-Universität, der wichtigsten Stimme des sunnitischen Islam, gab nach dem Wiedererscheinen von »Charlie Hebdo« zum Besten: »Diese Leute sollten wirklich Schwierigkeiten bekommen! Ich bedaure den Anschlag, der auf sie verübt wurde. Doch bei uns ist Mohammed heilig. Da rührt man nicht dran. Deshalb sollen sie sich nicht beklagen, wenn erneut auf sie geschossen wird.« Der Jerusalemer Großmufti Muhammad Hussein bestätigte, das neue Titelblatt sei eine »Beleidigung, die die Gefühle von mehr als zwei Milliarden Muslimen in der Welt missachtet hat«. Nein, mag man da sofort ausrufen, Tahar Ben Jelloun zum Beispiel fühlt sich nicht beleidigt, nach des Dichters Auffassung kann der Prophet »gar nicht karikiert werden, er ist ein Geist, ein höherstehender Geist, nicht mit einem Bleistift zu erfassen«. Ben Jelloun weiß, welche große, welch übermächtige Gruppe der Muslime er mit dieser Auffassung gegen sich hat, und so verwundert sein düsteres Fazit nicht: »Der Islam ist zum Synonym für Grausamkeit, Rückschritt und Barbarei geworden.«

Ashraf Adlis zwei Wörtchen vom »bei uns« heiligen Mohammed sind nicht harmlos, besagen sie doch, dass die Religion der Muslime trotz aller heilsökonomischen Exklusivität in der Durchsetzung ihrer Geltungsansprüche und Duldungsgrenzen Universalität einfordert und diese zu sanktionieren bereit ist: Was »bei uns« als störend empfunden wird, muss überall geahndet werden. Gibt zumindest ein islamischer Theologe an bedeutsamer Stätte zu verstehen. Kann man es da der Türkei verdenken, dass sie die Internetpräsenz von »Charlie Hebdo« sperrte? Aus islamischer Sicht kann man das kaum. Doch wie verhält es sich mit einem wirklich rundum sympathischen Mohammed, der mit beiden Füßen fest auf dem Globus steht und aus einer herzförmigen Umhängetasche Flocken der Liebe auf den Erdball regnen lässt? So malte ihn Mohammed Sabaneh, so druckte ihn Anfang Februar 2015 die palästinensische Tageszeitung »Al-Hajat al-Dschadida«, ehe sie die verantwortlichen Redakteure der Internationale der Beleidigten zum Opfer vorwarf und suspendierte. Man entschuldige sich. Palästinenserpräsident Abbas kündigte eine Untersuchung an. Auf Londons Straßen wurden in denselben Tagen Schilder emporgehoben, »Wir lieben den Propheten Mohammed mehr als unser Leben«, »Beleidigen ist nicht Freiheit«, und am Amtssitz des Premierministers David Cameron überreichten die Demonstranten eine Petition mit 100 000 Unterschriften, ein »Angriff auf die Normen der zivilisierten Gesellschaft« sei die Verbildlichung ihres Propheten.

Keineswegs also kommt es darauf an, ob Mohammed durch die Form der Darstellung beleidigt oder verherrlicht wird. Nein, schlichtweg jede Darstellung gilt in dieser Lesart als Beleidigung. Mohammed soll nicht abgebildet werden dürfen: Mit diesem Anspruch rüttelt eine wachsende Gruppe des globalen Islam an den Grundfesten der freien Gesellschaft. Gäbe diese nach, wäre sie augenblicklich Geschichte, bedeutete die Übernahme des Abbildungsverbots doch, eine religiöse Spezialnorm in den Rang eines allgemeinen Gesetzes zu heben. Nicht-Muslimen wäre untersagt, was einer muslimischen Fraktion missfällt. Und gewiss zwar ist das Recht auf Beleidigung nicht das vornehmste unter den Freiheitsrechten. Ebenso gewiss aber gibt es, worauf Peter Sloterdijk hinwies, »kein Recht, von Beleidigungen frei zu bleiben« und »erst recht keinen Anspruch auf Überempfindlichkeit«.

Trotz oder wegen überwältigender Beweise für das islamische Motivgeflecht der Pariser Anschläge rückte die

Brigade mit den Beruhigungspillen aus. Von Thomas de Maizière und seiner Auslassung, der islamistische Terror habe nichts mit dem Islam zu tun, war schon die Rede. Geschickter argumentierte Tony Barber in der »Financial Times«. Gesunder Menschenverstand sei den Machern von »Charlie Hebdo« oder der dänischen »Jyllands Posten« zu wünschen, die schon anno 2005 Mohammed-Karikaturen abdruckten. »Common sense« heißt schlicht, alles zu unterlassen, was Muslime provoziert – bereits die Einschränkung auf »einige Muslime« findet sich bei Barber nicht. Kollege Dean Baquet, Chefredakteur der »New York Times«, sprang ihm bei. Er kümmere sich in erster Linie um seine Leser in Brooklyn und anderswo, deren »großer Teil« sich durch Satire über den Propheten Mohammed beleidigt fühle. Ergo drucke er keine Abbildungen aus »Charlie Hebdo« nach, Solidarität müsse hintanstehen. Natürlich manifestiert sich die Freiheit einer Redaktion auch darin, dass sie aus Selbstverantwortung Nein sagt. Der schale Geschmack aber bleibt wie auch der Verdacht, die »New York Times« sei hier weniger zur Lieblingslektüre gläubiger Muslime mutiert als zum Fachblatt für hasenfüßige Selbstzensur.

Generell ließen US-amerikanische Zeitschriften größere Vorsicht walten als europäische; verschiedene Traditionsstränge innerhalb des Westens wurden aktualisiert. In »God's own country« ist Religion nicht nur kein Privatissimum, sie ist selbstverständlicher Bestandteil sehr vieler ziviler Selbstvollzüge. Insofern haben Äußerungen wie jene Anne-Marie Slaughters von der »New America Foundation« die Historie für sich: Die Entscheidung gegen eine Weiterverbreitung der Karikaturen könne »aus Respekt getroffen werden, nicht aus Angst«. Slaughter führte aus: »Im Fall von ›Charlie Hebdo‹ ist die Frage, ob Darstellungen des Propheten Mohammed geeignet sind, die Art von Debatte und Verhalten zu fördern, die mit dem Zusammenleben von Muslimen, Christen, Juden, Andersgläubigen und Atheisten in einer Gesellschaft vereinbar sind.« Slaughter und mit ihr viele Medien in den USA haben diese Frage verneint. Mindestens ebenso berechtigt ist indes die Frage, ob Journalisten so nicht Gefahr laufen, sich zu willigen Vollstreckern extremistischer Freiheitsfeinde zu machen.

Natürlich begehrte Slavoj Žižek in seinen »Blasphemischen Gedanken« über »Islam und Moderne« auf. »Je mehr man«, schrieb er, »den Islam toleriert, desto stärker scheint der Druck zu werden, den er auf einen ausübt.« Darum dürfe es keinerlei »stillschweigenden Vorbehalte von der Art« geben, »aber provokant war ›Charlie‹ schon, das Blatt hat die Muslime zu sehr gedemütigt«. Scharfe Widerworte kamen auch von dem, folgte man Žižeks Diktion, »wahren«, da linken Liberalen Brendan O'Neill, dem Chefredakteur des Debattenportals »Spiked« aus London. Gar keine Grenzen solle es geben für die Meinungs- und Redefreiheit, auch nicht für Blasphemie, ob es sich nun »um die alte Religion des Islam oder die neuere säkulare Religion der Politischen Korrektheit« handele. Jeder müsse denken, sagen, schreiben, malen, verspotten und verlachen dürfen, was immer er wolle. Diese libertäre Maximalposition hat seit dem Grauen von Paris einen schwereren Stand denn je.

Zu Rufern in der Wüste werden Žižek und O'Neill, Smith oder Malik. Justin E. H. Smith, Philosoph, gebürtiger US-Amerikaner, wohnhaft und lehrend in Paris, wendet sich gegen die alte Heimat. Die Reaktionen auf »Charlie Hebdo« zeigten, wie starr, grob und dogmatisch die »politische Kultur der akademischen Welt in Nordamerika geworden ist«. Er müsse daran erinnern, dass der humoristische Gebrauch der Sprache, weil er Sprache in maximaler Freiheit sei, einen besonderen Schutz verdiene; wenn dieser verloren gehe, sei alles verloren. Angesichts des bisherigen Versagens, eine bessere Gesellschaft zu bauen, halte nur der Humor Erlösung bereit. »In dieser Hinsicht«, schloss Smith, »ist die Realität selbst eine Art Witz geworden und Humor die Kraft der Wahrheit.« Kenan Malik wiederum schloss sich mit seiner Argumentation O'Neill an. Der britische Publizist mit indischen Wurzeln kritisierte den wohlmeinenden Paternalismus der Verständnisvollen. Dahinter verberge sich die nicht minder rassistische Auffassung, nur weiße Liberale könnten mit Provokation umgehen, alle anderen Gruppen müssten vor jeder erdenklichen Beleidigung bewahrt werden. Wer die freie Rede aus solcher Sorge einschränken wolle, habe keine Gegenargumente parat, wenn der Koran verboten werden solle. Auch durch ihn könnten sich bestimmte Gruppen beleidigt fühlen.

In Deutschland machte sich die Journalistin Carolin Emcke derweil Gedanken über »das gescheiterte Leben der Täter« von Paris und fuhr fort: »Das macht sie nicht unschuldig. Das verharmlost ihre Verbrechen nicht. Das ist nachgeordnet. Aber was für eine Gesellschaft wäre das, die nicht auch trauert darüber, was für verlorene Existenzen das waren?« Dem Doyen der deutschsprachigen Psychotherapie, Arno Gruen, sind solche Fragen vertraut. Er porträtierte in einer aktualisierten Neuauflage seiner Schrift »Der Kampf um die Demokratie« unter dem Titel »Wider den Terrorismus« die Attentäter von Paris als »Menschen ohne Zugang zum eigenen Schmerz und ohne Beziehungsfähigkeit«. Die aus einer algerischen Familie stammenden Brüder Kouachi hätten ihren Vater früh verloren, seien dann in einem Heim aufgewachsen, ehe auch die Mutter starb. »Später lebten sie in Paris, waren des Öfteren arbeits- und obdachlos und hielten sich mit Gelegenheitsjobs über Wasser. Ihr damaliger Anwalt (...) hielt sie für die perfekten Anhänger jeglicher autoritärer Gruppe, die ihnen Wahrheiten verspricht, wie es beispielsweise radikale islamistische Prediger tun. Aber genau das ist die Problematik aller, die den Schmerzen ihrer Lage schon als Kinder nicht gewachsen waren: Sie mussten ihre Schmerzen unterdrücken, um in einer Welt, die von Demütigungen und herzlosem Wettbewerb geprägt ist, nicht unterzugehen.« Ähnlich habe es sich mit Amedy Coulibaly aus einer malischen Familie verhalten – wir erinnern uns: dem Judenhasser und Fünffachmörder. Er dealte mit Drogen und beging Raubüberfälle, wurde als 18-Jähriger verurteilt. »Seine Beziehungslosigkeit, verdeckt durch die ›Bekehrung‹ zum Islam, ist der Hintergrund seines mörderischen Vorgehens«.

Pardon, solche Täterüberlegungen haben etwas Frivoles im Angesicht der 17 gemordeten Opfer. Das »gescheiterte Leben der Täter« mag vielleicht, vielleicht interessant sein, wenn Dekade um Dekade friedlich ins Land gezogen sein wird und von der Höhe der Gegenwart die finstere Vergangenheit sich milde entfernt. Solange die Zeit- und Verblendungsgenossen von Kouachi und Kouachi und Coulibaly das Jetzt mit steter Drohung im Griff halten, ist es menschlich, der Opfer zu gedenken und auf Wege zu sinnen, die radikalislamische Täterschaft zu stoppen. Mildernde strukturelle Gründe wie eine dem Konkurrenzkapitalismus zugesprochene Herzlosigkeit kann es da nicht geben. Sonst werden unter der Hand die Mörder zu den eigentlichen Opfern, die tatsächlichen Opfer aber zu anonymen Folgeschäden im Systemstreit. Arno Gruen ahnt vielleicht diese Unwucht. Ihn drängt es am Ende seiner psychologischen Mikrostudie zur politischen Globaldeutung: »Nicht der Islam befindet sich im Krieg mit dem Westen, sondern das Mörderische dieser Identitätslosen.« Da irrt der Gelehrte.

4 ALLES SO SCHÖN TOLERANT HIER: DEUTSCHLAND KLOPFT SICH AUF DIE SCHULTER

Toleranz hat einen derart guten Klang, dass es sich kaum um ein Gut handeln kann. Ein Gut, sollte man denken, fällt einem nicht in den Schoß, setzt sich nicht anstrengungsfrei im Konsens durch, schart keine jederzeit zustimmungsbereiten Anhänger hinter sich, die in breiter Formation durch die Straßen ziehen. Dann, sollte man weiterhin denken, stimmt entweder etwas mit dem Gut nicht oder nicht mit dessen Anhängern, dann ist es ein falsches Gut, oder seine Anhänger sind Heuchler. Wie verhält es sich mit der Toleranz?

Derart fest verankert in der deutschen Bevölkerung scheint sie denn doch nicht zu sein, dass keine pädagogische Nachsorge anstünde. Zu dieser lud das öffentlich-rechtliche Fernsehen mit großem Aplomb im Rahmen der »ARD-Themenwoche Toleranz« vom 15. bis zum 21. November 2014 ein. Sie trug den Titel »Anders als Du denkst«, federführend war der Bayerische Rundfunk. Auf das Großereignis stimmten Plakate ein, an denen in U- und S-Bahn-Stationen kein Vorbeikommen war. Man sah einen kahlköpfigen dunkelhäutigen Mann und die Frage »Belastung oder Bereicherung?«, einen Mann, der einen Mann auf die Stirn küsst, und die Frage »Normal oder nicht normal?«, ein schreiendes kleines Mädchen und die Frage »Nervensäge oder Zukunft?«, einen lachenden jungen Mann im Rollstuhl und die Frage »Außenseiter oder Freund?«. Damit waren bündig vier Toleranzobjekte symbolisiert: Ausländer, Schwule, Kinder und Behinderte. Ihnen also, so das

Lernziel, soll verstärkt mit Toleranz begegnet werden, sie soll man ertragen lernen. Natürlich opponierten die Vertreter der jeweiligen Gruppen prompt: Nicht betreut wollten sie werden, keine Huld vonseiten der erwachsenen, heterosexuellen, inländischen, körperlich uneingeschränkten Mehrheitsgesellschaft erfahren, sondern als deren reguläres Mitglied akzeptiert werden. Toleranz sei zu wenig, Akzeptanz das Ziel.

Auch die Schulen durften sich von der ARD beglücken lassen. In der »Aktion Schulstunde« gab es Unterrichtsmaterial und Anregungen, vornehmlich für die Jahrgangsklassen 3 bis 6. Das Modul »Toleranz in den Weltreligionen« klärte auf, was »Muslime denken: Wenn Allah gewollt hätte, dass alle Menschen das Gleiche glauben, hätte er die Menschen einfach so machen können. Das hat er aber nicht getan. Also gibt es viele verschiedene Religionen, und niemandem steht es zu, andere von ihrem Glauben abzubringen.« Weder auf den Koran, der den Muslim für den Normalfall der Schöpfung hält, noch auf den Missionsauftrag im Neuen Testament kann sich diese Weichzeichnung stützen. Das »Arbeitsblatt Regenbogenfamilie« wusste zu berichten, »es ist ähnlich wie heiraten: Homosexuelle können ihre Beziehung durch eine Urkunde offiziell machen.« Ein Foto zeigte die Mädchen Yana und Chiara bei Sabine und Sibylle, ihren Müttern. Im »Themengebiet: Ich – Jeder ist anders« hieß es: »Wenn dir deine Umgebung sagt: ›Ausländer nehmen uns die Arbeit weg‹, dann glaubst du das vielleicht erst einmal. Aber wenn du erfährst, dass diese Menschen eine gute Ausbildung haben und uns bei der Arbeit unterstützen, dann glaubst du diesen Satz nicht mehr.«

Eher an Volljährige richtete sich das Fernsehprogramm. Eine Reportage begleitete Nicko, 19, der »auf Männer steht, aber ein Problem mit dem Schwulsein hat«, und Kosrat, 21, der seinen irakischen Eltern nicht von seiner deutschen Freundin zu berichten wagt. Ein Spielfilm zeigte Christiane Hörbiger als Musiklehrerin Maria, die gegen die »große Roma-Familie in ihrem Haus« Vorbehalte hat, »die Leute sind ihr zu laut, zu wild und wirken auf sie zu rücksichtslos«. Dabei aber bleibt es nicht. Der Kabarettist Dieter Nuhr widmete sich unter dem Titel »Nuhr mit Respekt!« am späten Donnerstagabend »der ›Toleranz‹ im Allgemeinen und ihren satirischen Seiten im Besonderen«. War es am Ende schon Satire, dass die Programmverantwortlichen Toleranz hier in Anführungszeichen setzten? Um deutlich zu machen, dass sie eigentlich nur Durchgangsstation sein könne auf dem Weg zu ihren beiden großen Schwestern, der Akzeptanz und dem Respekt? In diesem Sinne äußerte sich im Begleitangebot Rabbiner Tovia Ben-Chorin: »Den Ausdruck Toleranz verstehe ich so, dass der Tolerierende über dem Tolerierten steht und das die Möglichkeit für einen Dialog eher begrenzt. Im Prozess des Respekts sind alle Menschen auf derselben Ebene und können dadurch besser ins Gespräch kommen, der hoffentlich zu einem Dialog führt.« Respekt bedeute zuzuhören.

Wie heikel die offiziellen Krönungsmessen der Toleranz mitunter geraten, zeigte ein Kuriosum am Rande. Der Jugendsender des »Hessischen Rundfunks«, »You FM«, nutzte die Themenwoche, um über Zoophilie zu berichten – die sexuelle Neigung von Mensch zu Tier. Der zoophile Mann Komet erklärte in der Sendung »Animal Lovers«, er fühle sich zu Hunden hingezogen und wünsche sich, »dass Menschen die Berührungsängste verlieren«. Zum Thema, versteht sich, vermutlich aber auch zum Tier an sich. Komet gehört einem Verein an, der sich »Zoophiles Engagement für Toleranz und Aufklärung« vorgenommen hat. Wichtigstes Vereinsziel ist der »Kampf gegen die Kriminalisierung sexueller Mensch-Tier-Kontakte«.

Der Schritt von der Toleranz zur Sexualität ist heute so kurz, wie es früher jener von der Toleranz zur Religion war. Niemand wird bestreiten, dass Toleranz eine Haltung ist, die allen gesellschaftlichen Bereichen gut zu Gesicht steht. Heute aber werden Nebenschauplätze in desto höherer Zahl und mit desto größerer Lautstärke eröffnet, je gewaltiger das Schweigen im Kernbereich der Toleranz geworden ist. Toleranz, so scheint es, wurde von einer erkämpften, kämpferischen Tugend zum bequemen Ehrabzeichen der postmodernen Klasse. Als zum Beispiel Tom Neuwirth alias Conchita Wurst 2014 in Kopenhagen den Eurovision Song Contest gewann, lautete die allgemeine Sprachregelung, hier habe sich ein Sieg der Toleranz ereignet. Der vollbärtige Mann in Frauenkleidern sei das moderne, das tolerante Gesicht Europas, das Menschen ohne Ansehung ihrer sexuellen Orientierung oder Präferenz ins Schweinwerferlicht der Aufmerksamkeit stelle. Tolerant nennen sich auch Paare, die in Swingerclubs mit Fremden sich vergnügen, Toleranz ist ein Codewort für körperliche Tabulosigkeit. Und der Claim zur »Mahnwache für ein weltoffenes und tolerantes Deutschland« am Brandenburger Tor zu Berlin am 13. Januar 2015 als Reaktion auf die Pariser Anschläge lautete bei der SPD: »Gemeinsam für eine offene, bunte und tolerante

Gesellschaft.« Toleranz, heißt das, kommt im multikulturellen Deutschland ganz zur Erscheinung.

Der offizielle Titel der »Kundgebung« war mit »Zusammenstehen – Gesicht zeigen« etwas zahmer. Vor den einigen Tausend Teilnehmern, vornehmlich Mitgliedern der deutschen Mehrheitsgesellschaft, sagte Bundespräsident Joachim Gauck: »Die Bluttaten von Paris waren ein Anschlag auf das freie Wort, auf die pluralistische Gesellschaft, auf das Recht auf Leben. (...) Die Attentate haben uns gezeigt, wie verwundbar die offene Gesellschaft ist. Aber sie haben auch bewirkt, dass wir uns neu besinnen. Die Terroristen wollten uns spalten. Erreicht haben sie das Gegenteil. Sie haben uns zusammengeführt.« Wer gegen unschuldige Menschen in den Krieg zieht, missbrauche den Islam, »was für eine Pervertierung von Religion!« Gauck beklagte »Anschläge auf Moscheen, darunter Brandattentate«, und »neue antisemitische Parolen« und schloss: »Vielfalt braucht Begegnung. (...) Wir alle sind Deutschland!«

Zu Beginn der Veranstaltung sang Imam Abdelhak El Kouani aus den Suren 5 und 49. »Wer ein menschliches Wesen tötet, ohne dass es einen Mord begangen oder auf der Erde Unheil gestiftet hat, so ist es, als ob er alle Menschen getötet hätte.« Die Menschen seien allesamt »zu Völkern und Stämmen gemacht, damit ihr einander kennenlernt. Der Geehrteste von euch bei Allah ist der Gottesfürchtigste von euch.« Später forderte der Vertreter des Zentralrats der Juden, Abraham Lehrer, ein entschiedeneres Vorgehen der Muslime gegen Terrorismus und Antisemitismus. Sein Nebenmann vom Zentralrat der Muslime,

Aiman Mazyek, dankte Gott »für dieses gewaltige Zeichen des Respekts, der Solidarität und Anerkennung. Dadurch machen wir sichtbar: Die Terroristen haben nicht gesiegt, und Terroristen werden auch in Zukunft nicht siegen«. Sie hätten die »größte Gotteslästerung« begangen, den Islam verraten und dessen Prinzipien in den Dreck gezogen.

Auf dieser Linie lag die »Positionsbestimmung« der monatlich in Berlin erscheinenden »Islamischen Zeitung«. Unter der Überschrift »Wir wehren uns – warum?« wurden die »schrecklichen Taten in Paris« bedauert und die Opfer betrauert. »Die These, dass wir Muslime, die in Gemeinschaft leben und der Sunna folgen, nichts mit der inner-islamischen radikalen Opposition gegen uns selbst zu tun haben sollen, ist falsch.« Einerseits also haben die Morde sehr wohl etwas mit dem Islam zu tun, andererseits wird den Mördern eine Art unislamischer Islamismus unterstellt, wodurch sie de facto, aber nicht de iure sich vom Islam verabschiedet hätten. Man fühlt sich betroffen, aber nicht unbedingt verantwortlich. Eine vertrackte Argumentation. Leichter fasslich ist die Mahnung, »die tendenziöse Gleichsetzung jeder Handlung von Individuen mit dem Islam an sich« gefährde den sozialen Frieden. Deutsche Muslime, heißt das, wollen nicht in Sippenhaftung genommen und pauschal diskreditiert werden, sonst könnte es rau und ungemütlich werden. In diesem Bemühen habe die Demonstration am Brandenburger Tor »ein wichtiges Zeichen gesetzt«.

Doch was sagt es aus, das Zeichen der mehreren Tausend, des eben nicht überwältigend großen Fähnleins, angeführt von Bundespräsident und Bundeskanzlerin?

Gar nichts Gutes, überhaupt nichts Sinnvolles, folgt man dem Politologen Wolfgang Kraushaar. »Ein besonderer Tiefpunkt« sei die Mahnwache gewesen, »mit der offenbar vor allem bewiesen werden sollte, dass sich die Spitze des bundesdeutschen Staates nicht vom Islam und dessen Repräsentanten distanzieren wollte. Bundespräsident Joachim Gauck etwa dankte den Muslimen für ihr Eintreten gegen religiösen Fanatismus. Hätte es Fernsehzuschauer gegeben, die zufällig von den Geschehnissen in der französischen Hauptstadt nichts mitbekommen haben, dann wären sie vermutlich zu dem Schluss gekommen, dass es sich dabei um eine Trauerfeier für islamische Opfer handeln würde.« Außerdem, so Kraushaar in seinem Essay für perlentaucher.de, sei es höchste Zeit, den politischen Islam, »der meint mit seinen Regeln und Gesetzen eigene Organisationen, Institutionen, ja ganze Staaten aufbauen zu müssen«, grundsätzlich abzulehnen. Der von dem vormaligen Bundespräsidenten Christian Wulff geprägte, von Angela Merkel bestätigte Satz, der Islam gehöre zu Deutschland, markiere eine falsche Weichenstellung. Wenn es nämlich keine Möglichkeit gibt, folgerte Kraushaar, den Islam vom Islamismus trennschaft abzugrenzen, dann wäre der Islamismus mit eingemeindet. Was wiederum Merkel und Wulff kaum wollen können.

Tatsächlich mutet es seltsam an, dass eine quasi-offizielle Gedenkfeier der Bundesrepublik Deutschland für die Opfer des islamistischen Terrors mit einer Rezitation aus jenem Buch beginnt, auf das sich die Terroristen beriefen – sei es zu Recht, sei es zu Unrecht. Eine bizarre Inszenierung: Die Täterreligion gibt den Rahmen vor für das Opfergedenken. Ja, es war auch ein Muslim unter den Opfern, der tapfere Polizist Ahmed Merabet, doch das ändert nichts an der Inkongruenz. Fortan galt die Sprachregelung: Auf Religion und Motivbündel der Attentäter sollte nur hinweisen dürfen, wer im berühmten selben Atemzug sich gegen alle Versuche verwahrte, Muslime »unter Generalverdacht zu stellen«, der »Islamophobie« zuzuarbeiten oder »den Islam«, den es »so« gar nicht gebe, zu verteufeln. Um nichts in der Welt sollte am Bild vom friedensfähigen, friedensliebenden Islam gerüttelt werden, was nicht die allerkleinsten logischen Probleme aufwarf: Denn sofern »der Islam« kein monolithischer Block des Bösen ist – was er gewiss nicht ist –, kann er auch keine geschlossene Formation des Guten sein. Veralbert muss sich das Publikum fühlen, wenn das eine zu bestreiten eine moralische Großtat sein soll und das andere zu bezweifeln ein moralisches Schwerverbrechen.

Derlei Einbildungen der Wirklichkeit verdankten sich einem überdehnten Toleranzbegriff. Im eigentlich zutiefst humanen Drang, niemanden beleidigen oder auch nur scheel anzusehen, allen und insbesondere den Ein- und Zugewanderten Wohl und niemals Weh sein zu wollen, gemischt mit der Angst um den geschickt ins Spiel gebrachten und widrigenfalls bedrohten »sozialen Frieden«, ging in der Friedensrabulistik unter, dass es eine ganz spezifische Religion war – der Islam –, bei deren Ideologemen sich die drei Attentäter bedienten. Geboten wäre da aus Gründen der Selbstachtung, der Redlichkeit und der Solidarität mit den Opfern eine Debatte über die Abgründe des Islam, nicht der Islamkritik. Ganz abgesehen davon, dass die in den Konjunkturen des Begriffsmanagements auf ein Allzeit-Hoch schießende »Islamophobie« ihr Gegenteil meint. Wer Angst vor dem Islam hat, gibt sich eher islamophil, während die angeblich islamophoben Islamkritiker einen (hoffentlich gesittet artikulierten) Mut aufbringen, für den sie »längst mit dem Bundesverdienstkreuz hätten geehrt werden müssen« – so der Schriftsteller Daniele Dell'Agli bei *perlentaucher.de*.

5 »WECHSELSEITIG UNSERE DUMMHEITEN VERZEIHEN«: AN VOLTAIRE FÜHRT KEIN WEG VORBEI

Die Franzosen waren instinktsicherer. Sie griffen, wie es einer Kulturnation zukommt, zu den Geistesgrößen der Vorzeit, um die Schrecken der Gegenwart zu begreifen. Zum Bestseller in Frankreich wurde Anfang 2015 ein 1763 erstmals erschienenes Buch von François-Marie Arouet, genannt Voltaire, »Über die Toleranz«. Es war doch alles schon einmal aufgeschrieben, was Toleranz sei, wem sie gebühre und wo sie ende. Man müsse doch nur Voltaire lesen, um sich herauszufinden aus dem Irrsinn der Tage. So mag die Hoffnung gelautet haben. Trog sie etwa?

Aber nein, da stand in der Mitte der Schrift, die erst nicht beginnen, dann nicht enden wollte und sich dazwischen aufschwingt zu einem rhetorisch bezwingenden, beeindruckend gelehrten Plädoyer für Gedankenfreiheit und wider Dogmenzwang: »Der große Grundsatz des römischen Senats und Volks war: ›Deorum offensae Diis curae – Beleidigungen, die den Göttern widerfahren, müssen die Götter rächen‹.« Hätten sich doch die Angreifer nur daran gehalten! War der Gott, in dessen Auftrag sie Mohammed zu rächen glaubten, etwa nicht des Rächens aus eigenem Antrieb fähig oder willens? Aber das römische Reich war lange untergegangen, und dazu hatte vielleicht ein hohl gewordener Vielgötterglaube beigetragen. Unerbittlich war dieser einerseits eingefordert worden, hatte aber andererseits vor dem Fanatismus der Erwählten bewahrt.

Voltaire zufolge sahen die Römer die Toleranz »als ein durch das Völkerrecht geheiligtes Gesetz« an; die Christenverfolgungen relativiert er zugunsten dieser These. Dadurch wird die Antike zum hellen Gegenpol jenes »Obskurantismus«, der Voltaire den Anlass der Niederschrift gab, in einer Ära freilich, in der ansonsten die Vernunft täglich weiter vordringe. »Über die Toleranz« ist in unmittelbarer Reaktion auf den »Fall Calas« entstanden. Der Protestant Jean Calas sah sich dem Vorwurf ausgesetzt, seinen Sohn umgebracht zu haben wegen dessen Übertritt zum Katholizismus. Die Menge im mehrheitlich katholischen Toulose schäumte, das Gericht sprach ihn trotz dünner Beweislage schuldig, Calas wurde hingerichtet. Bitter notiert Voltaire: »Man hatte keinen Beweis gegen die Familie. Man konnte keinen haben. Aber die betrogene Religion diente an Beweises statt.«

Eine solche Form von Religionsmissbrauch verdient keine Toleranz, geschweige denn Respekt, sie muss bekämpft werden. Voltaire zufolge ist der Justizirrtum von Toulose Resultat eines unvollkommenen Rechtssystems und einer falsche Religiosität. Die »betrogene« ist hier die römisch-katholische Religion, die für derart sakrosankt galt, dass der Vorwurf, sich an ihr vergangen zu haben, alle zivilen Zweifel am Tathergang aufhob. Die Richter, die mit fünf zu acht Stimmen wider Calas votierten, meinten ihr gerade so Genüge zu tun. Voltaire, der große Glaubensspötter, argumentiert darum hier dezidiert als Katholik, spricht von »unserer Kirche«, in der Christus durch seine Handlungen fast ausschließlich Sanftmut, Geduld und Nachsicht gepredigt habe. An ihm versündige sich, wer dem »Verfolgungsgeist« die Zügel schießen lasse und Intoleranz und

Gewissenszwang für rechtmäßig halte. »Zum Hassen und Verfolgen«, heißt es in einem schönen Bonmot, »haben wir Religion genug, aber nicht zum Lieben und Helfen.«

Es mag Strategie sein: Bemerkenswert ist dennoch, wie konsequent sich Voltaire hier aller atheistischen Spitzen enthält. Er ruft in den größten damals denkbaren Echoraum hinein, den christlichen. Sofern die christliche Religion von Gott sei, »so wird Gott sie ohne unsere Hilfeleistung zu erhalten wissen. Die Intoleranz bringt nur Heuchler oder Rebellen hervor«. Die Kirche habe sich folglich des weltlichen Regiments zu enthalten und ganz auf die Kraft des Gewissens zu setzen. Jeder Bürger muss glauben dürfen, »was ihm diese aufgeklärte oder getäuschte Vernunft sagen wird« – auch die irrige Meinung, die falsche Auffassung, den unreifen Glauben muss der Staat dulden, die Gesellschaft ertragen, die Kirche tolerieren, solange »die öffentliche Ruhe« gewahrt bleibt. Diese Einschränkung kehrt mehrfach wieder. Der Raum der Öffentlichkeit, wo die so ganz unterschiedlich beschaffenen Menschen mit ihren so verschiedenen Einstellungen zusammenkommen, muss von weltanschaulichen Zusammenstößen frei gehalten werden. Auf heutige Fälle übertragen hieße das: Demonstriert darf werden, krakeelt und beleidigt und beschädigt nicht. Dann muss der Staat Platzverbote und Bestrafungen aussprechen.

Voltaire argumentiert innerhalb des biblischen Bezugsrahmens insofern, als er Gottes »väterliche Sorgfalt« für alle Völker in die rhetorische Frage münden lässt: »Und wir wollen intolerant sein?« Das »barbarische Volk der Juden«, dem in dieser Schrift wie auch sonst Voltaires Liebe nicht gilt, darf sich ebenfalls gemeint wissen, haben sich in ihm doch »Strahlen von Toleranz« erhalten. Man erstaune »über die größte Toleranz unter so vielen Gräueln«. Da stehen einerseits in den Büchern Mose »sehr strenge Gesetze in Ansehung des Gottesdienstes und noch strengere Züchtigungen«, da gab es brutale Glaubenskriege, etwa gegen die Midianiter, und sogar Menschenopfer, Jeftah opferte seine Tochter, König Agag wurde vom Priester Samuel in Stücke gehauen, und andererseits »lange Zeit eine völlige Religionsfreiheit. (...) Vergebens war die Anbetung fremder Götter verboten. Salomo war ungestört ein Götzendiener«. Auch durften die Sadduzäer, die an kein Leben nach dem Tode glaubten, und die Pharisäer mit ihrem Glauben »an ein unbedingtes Schicksal und an die Seelenwanderung« trotz dieser häretischen Auffassungen »in Gemeinschaft mit ihren Brüdern« leben.

Die schroffe Zeichnung des alten Bundes, die zur Verzeichnung ausschlägt, gehorcht ebenso wie die unmittelbar daran anschließende Frage »Hat Christus die Intoleranz gelehrt?« einem gegenwärtigen Zweck. Voltaire will die Geschichte der Menschheit als eine Abfolge von Epochen vorführen, in der trotz brutaler und brutalster Widerwärtigkeiten die Flamme der Toleranz nie verlosch und nie ganz unbekannt war. So sollen die Zeitzeugen des Monsieur Calas erinnert werden: Menschlich handeln Menschen da und nur da, wo »wir uns wechselseitig unsere Dummheiten verzeihen«. Das nämlich heißt Toleranz. Darum muss, ins Religiöse gewendet, Märtyrer, nicht Henker werden, wer »Christo gleichen« will.

Wodurch denn auch die Frage, ob Christus die Intoleranz gelehrt habe, beantwortet wäre, mit einem Nein nämlich. Natürlich sind da »die Austreibung der Krämer aus dem Tempel« und die »Legion der Teufel, die aus einem Besessenen in zweitausend unreine Tiere gejagt wurden«, dies aber zeige lediglich »die Gerechtigkeit Gottes gegen die Übertreter seines Gesetzes«. Im Ganzen sei das Neue Testament eine Schule der Toleranz, Jesus starb als »Opfer des Neides«, unterliegend »dem Hasse der Schriftgelehrten, Pharisäer und Priester«. Welche guten Folgen diese Tat zeitigte, will Voltaire mit christlichen »Zeugnissen gegen die Intoleranz« belegen. Von der Urchristenzeit bis zu Montesquieu reicht die Blütenlese. Prägnant urteilt etwa Justinus, der Märtyrer: »Nichts ist der Religion mehr zuwider als Zwang.« Bernhard von Clairvaux wusste auch: »Ratet, und zwingt nicht.«

Toleranz, theoretisch verstanden als Menschlichkeit, ist hier praktisch Religions- und Meinungsfreiheit und dadurch »alleiniges Heilmittel« wider das »schlimmste Übel« unter Menschen, die Zwietracht. In den abgewandelten Worten der »Ode an die Freude« ließe sich sagen, alle Menschen werden Brüder, wo der Flügel der Toleranz weilt, wo wir des anderen Irrtümer und Fehler gerade so ertragen wie die unseren. Doch die Einschränkung ist gleich bei der Hand. Gerade in religiösen Angelegenheiten kann die grenzenlose Freiheit des Sagens und Meinens und Ausagierens die Zwietracht erheblich verstärken. Voltaire zieht eine Schranke, und er zieht sie dort, wo sie heute gewiss nicht mehr gezogen würde: bei den Jesuiten, Calvinisten und Atheisten.

Scharf urteilt er, Toleranz verdienten nur Menschen, die keine Fanatiker sind, um sogleich konkret zu werden: Jesuiten müssten bestraft werden, »wenn ihr Orden den Gesetzen des Reichs entgegenläuft. Da kann man nicht umhin, die Gesellschaft zu trennen, um aus den Jesuiten Bürger zu machen«, wozu der Ersatz der Soutane durch ein »kurzes Kleid« beitrage. Die Calvinisten müssten nebst den Lutheranern lernen, dass ihr Kampf wider die aus ihrer Sicht Ungläubigen unvereinbar ist mit der Herrschaft des Gewissens, die sie im Munde führen. Der Atheist aber sei nichts weniger als eine »Geißel der menschlichen Gesellschaft«, denn »überall wo es eine bürgerliche Gesellschaft gibt, ist Religion unentbehrliches Bedürfnis. Die Gesetze wachen über die bekannten, die Religion wacht über die geheimen Verbrechen«. Funktionalistisch also und staatspolitisch unterfüttert ist Voltaires Religionsbegriff. Der hochgebildete Philosoph sieht in der Religion einen »Zügel«, der die Menschen zivilisiert und so erst die gute Gesellschaft ermöglicht. Religion bewegt sich demnach klar im vorpolitischen Raum, rechnet, spätmodern gesprochen, zum Mind-set des Zivilbürgers.

Eine zweite Begründung der Religion bietet Voltaire an, die der ersten, der funktionalistischen, zu widersprechen scheint. Das religiöse Bedürfnis liege ebenso wie der Hang zur Toleranz in der Natur des Menschen als einer göttlichen Schöpfung. Deshalb erscheint ihm Atheismus hier sowohl asozial als auch widernatürlich. Religion – und sei es deren verzerrte Form im Aberglauben, zu dem auch die katholische Reliquienfrömmigkeit zähle und auf den er in der Pose des aufgeklärten Weltbürgers und Großstädters herabblickt – Religion also »ist bestimmt, uns in diesem und jenem Leben glücklich zu machen.« Wer dieses Angebot ablehnt, kann der Gattung nur schwer angehören – unterstellt Voltaire, der seinen Ruf als Zyniker, Spötter und Pfaffenfresser damit aufs Spiel setzt.

Sind die beiden Religionsbegriffe Voltaires, der funktionalistische und der naturrechtliche, also ein Widerspruch? Ihr Autor spräche vermutlich von einer Ergänzung, die doppelt belege, dass eine befriedete bürgerliche Gesellschaft der Religion in den Grenzen der Vernunft und der öffentlichen Ordnung bedürfe. Die solchermaßen institutionalisierte Toleranz – damit nähern wir uns freilich dem utopischen Fluchtpunkt – lässt auch dem fundamental Fremden Raum. Im »Großsultan«, schreibt Voltaire weiter in »Über die Toleranz«, dürfe der französische Gesandte keinen »Verworfenen« sehen, keinen »tödlichen Feind Gottes«, will er ihm gegenüber die »Pflicht des bürgerlichen Lebens« erfüllen. Diese Erkenntnis ist alles andere als trivial, kehrt man die Partner um. Der Muslim dürfte demzufolge im Nichtmuslim prinzipiell keinen Abtrünnigen, keinen Gottlosen, keinen »denaturierten Menschen« sehen, allein um des menschlich produktiven Umgangs willen in einer Welt der Differenzen. Tut er es dennoch, bedeutet uns Voltaire, tritt er aus der Gattung zurück. Er mag so verfahren, privatim und für sich, doch hat ein solcher religiöser Generalvorbehalt im Gemeingut namens Öffentlichkeit zu schweigen.

Der Fromme mag da entgegnen: Ich soll mich also spalten in einen öffentlichen und einen privaten Menschen, muss mich schizophrenisieren, um Mitglied eurer vernünftigen Gesellschaft zu werden? Ja, sagte Voltaire, das müssen wir fordern dürfen. Wenn du nach draußen gehst, du besonders Frommer, lass bitte die Brille deiner jeweiligen Orthodoxie zu Hause. Die Liebe zu deinem Gott musst du nicht verleugnen, aber bitte siehe auch im Andersgläubigen prinzipiell einen Bruder, »hat uns nicht *ein* Gott erschaffen?«

In diesem Sinn gibt Voltaire, überraschend abermals, seiner Schrift einen frommen oder zumindest fromm anmutenden Schluss. Er nennt sich mit nur wenig Ironie einen »guten Katholiken« und richtet ein »Gebet« an den »Gott aller Wesen und aller Zeiten«. Dieser möge die Menschen anspornen, »dass wir einander helfen, die Last des kurzen, flüchtigen Lebens zu tragen«. Mit Gottes Hilfe sollen »alle Menschen sich erinnern, dass sie Brüder sind! (...) Lass uns den Augenblick unseres Daseins anwenden, auf gleiche Weise, in tausend anderen, verschiedenen Sprachen, von Siam bis Kalifornien Deine Güte zu preisen, die uns diesen Augenblick gegeben hat!«.

Ganz am Schluss folgt die Chronistenpflicht in eigener Sache: Das Fehlurteil von Toulouse wurde durch »eine Versammlung von ungefähr achtzig Richtern« aufgehoben und in Revision gegeben, ehe am 9. März 1765, genau drei Jahre nach Calas' Hinrichtung, »die Unschuld vollends triumphierte«. Einstimmig wurde die Familie für unschuldig erklärt. König Ludwig XV. ließ sich nicht lumpen und zahlte der Mutter und ihren verbliebenen Kindern 36 000 Livres aus, weshalb ihm Voltaire, ebenso gewitzt wie geschickt, gerne bestätigt, seinen volkstümlichen Beinamen – »der Vielgeliebte« – zu Recht zu tragen, ehe er zum letzten Mal die moralische Fanfare bläst: »Möge dies Beispiel den Menschen dazu dienen, sich von der Toleranz leiten zu lassen, ohne welche der Fanatismus die Erde verwüsten oder wenigstens für immer trübselig machen würde!«

In den Tagen nach den Pariser Attentaten waren einer geschockten französischen Öffentlichkeit diese Sätze und die Hoffnung, die aus ihnen spricht, Labsal. An eine solche nationale Tradition wieder anknüpfen zu können, auch unter den Bedingungen einer multiethnischen, polyreligiösen Gesellschaft, hätte den gordischen Knoten aus Freiheitsliebe und Sicherheitsbegehren durchtrennt. Der Chefredakteur der Tageszeitung »Libération«, Laurent Joffrin, schrieb im Vorwort einer Neuauflage von »Über die Toleranz«, Voltaire habe in der gepeinigten Familie Calas »das symbolische Opfer« jener religiösen Intoleranz gesehen, »die das 16. Jahrhundert mit Blut tränkte, die Tyranneien des 17. Jahrhunderts unterstützte und auch im Zeitalter der Aufklärung noch ihren verhängnisvollen Einfluss ausübt«. Heute hätten sich »die katholischen Diktaturen (...) rar gemacht, doch ist es der politische Islam mit seiner Modernisierungsverweigerung und seiner Tendenz, Religion in Tyrannei zu verwandeln, der zur aktuellen Zielscheibe der Voltaire'schen Prosa wird. Ein Journalist, der zu tausend Peitschenhieben verurteilt wird, eine Schülerin, die sich durch ihren Willen zur Bildung schuldig macht und Todesdrohungen erhält, enthauptete Geiseln, entführte und zwangsverheiratete Mädchen – sie sind die Calas von heute, geopfert im Namen eines tyrannischen Gottes von Gläubigen ohne Menschlichkeit.« Wenn es denn, ließe sich anmerken, überhaupt Gläubige sind, die an etwas anderes glauben als an Gewalt und Macht, Geld und Geschlecht.

Der zu tausend Peitschenhieben verurteilte Journalist ist der 2012 verhaftete saudi-arabische Blogger Raif Badawi, der in seinen Kommentaren mutig einforderte, was Voltaire 250 Jahre zuvor darlegte, todesmutig geradezu im Angesicht einer fundamentalistisch verblendeten Herrschersippe: »Meinungsfreiheit ist die Luft, die jeder Denker zum Atmen braucht, der Zündstoff für das Feuer seiner Ideen.« Jeder Mensch habe das Recht »zu sagen, was du denkst, zu glauben oder nicht zu glauben, zu lieben oder zu hassen, ein Liberaler oder eben ein Islamist zu sein«. Der liberale Staat sichere diese Freiheiten, ohne darum in Atheismus abzugleiten. Der Liberalismus, so Badawi, »ist das kognitive Gerüst für und die Perspektive auf ein freies, gutes Leben für alle. Und das ist in absolutem Einklang mit der göttlichen Religion, die immer und ewig zum Guten, zur Liebe und zum Frieden aufruft«. Voltaire wäre stolz auf seinen späten Schüler Raif Badawi.

Die katholische Kirche zu Voltaires vorrevolutionären Zeiten ließ sich letztlich dessen Kritik an überschießender Frömmigkeit, Ordenswesen, Sakramentenlehre und unvollkommener Gewaltenteilung gefallen. Anders stellt sich die Lage heute in islamischen Staaten dar. Meinungs- und Religionsfreiheit sind nicht garantiert, wo der Staat sich zu einer koranischen Grundlage bekennt. Die drakonische Strafe für Badawi, tausend Peitschenschläge, von denen die ersten 50 am 9. Januar 2015 in Dschidda vor einer Moschee vollstreckt wurden, plus zehn Jahre Haft für Überlegungen, die in keinem Land des Westens auch nur ansatzweise anstößig wären, sind gewiss auch dem Wahhabismus geschuldet. Gegen dessen »Fundamentalismusfieber« schrieb

Badawi an. Prinzipiell aber ist die duldende Toleranz für Andersmeinende, Andersglaubende im Islam theoretisch schwierig und praktisch sehr selten. Allahs Plan mit den Menschen sei es schließlich, diese zu einer einzigen Umma zu vereinen. Wer dieser sich partout nicht anschließen mag, stelle sich letztlich gegen Allah selbst. Erst als Muslim unter Muslimen komme der Mensch ganz zu sich, erreiche er die Höhe der in ihn gelegten Möglichkeiten.

In Voltaires »Gebet« ist ein Satz, eher eine Sottise, den Reichen gewidmet. Wer »einige abgerundete Stückchen von einem gewissen Metall« sein Eigen nennt, soll deren Besitz ohne eigenen Stolz und ohne fremden Neid genießen dürfen. Weder dem Herrn der Evangelien, geschweige denn Raif Badawi wäre eine solche Bitte in den Sinn gekommen. Wo eine falsche Ordnung von Grund auf revoltiert werden soll, ist Reichtum eher ein Problem denn ein schützenswertes Privilegium. Die Ehrenrettung aber der kleinen und gewiss auch großen Besitztümer entstammt der Feder eines reichen Mannes, der an anderer Stelle dekretierte: »Auf unserem armseligen Globus ist es unmöglich, dass Menschen, die in Gesellschaften leben, nicht in zwei Klassen geteilt sind: eine der Reichen, die kommandiert, und die andere der Armen, die dient.«

Der Historiker Philipp Blom verwies auf diesen Satz, um etwas Wasser zu gießen in den Wein der allgemeinen Voltaire-Begeisterung in den Tagen nach »Charlie Hebdo«. Voltaires Verteidigung der Freiheit habe sich in gewissen Grenzen gehalten, die »vor allem durch eines markiert wurden: durch Geld. Denn dieser moderne Sokrates war so reich, dass er in Schlössern lebte, sein Vermögen im großen Stil an Aristokraten verlieh und im Überseehandel investierte«. Seine moralischen Skrupel seien geringer gewesen als seine ökonomischen Ambitionen. Die Sklaverei verteidigte er, vom Sklavenhandel »profitierte er direkt und wissentlich (...). Er suchte die höfische Gesellschaft und war der Bankier und Vertraute von Adligen, die Toleranz und Menschenrechte mit Füßen traten. Er war ein Snob und Zyniker (...) und ein wichtiger Anwalt eines liberalen Denkens«. Heute, spekuliert Blom, würde Voltaire sich vielleicht diskret am Waffenhandel beteiligen.

Tief graben muss man nicht, um im Werk Voltaires auf antisemitische und rassistische Passagen zu stoßen. Selbst in der »Toleranz«-Schrift betrachtet er das jüdische Volk mit einer Mischung aus Faszination und Abscheu. Auch dem Christentum, dessen Ideen er im Fall Calas so hochhält, begegnete er, wenn es ihm passend erschien, etwa in einem Brief an den ähnlich skeptischen Preußenkönig Friedrich den Großen, mit Verachtung. Es sei »sicherlich die lächerlichste, absurdeste und blutigste Religion, die jemals die Welt infiziert hat«. Ergo gelangt Blom zu einer negativen Antwort auf die Frage, ob Voltaire zum Apostel der Freiheit des Jahres 2015 tauge: »Eine Toleranz, die nur die Toleranz des Marktplatzes ist, eine Aufklärung, die einer Elite vorbehalten bleibt, ein Freiheitsbegriff, der die Schwachen für ihr Los verantwortlich macht, und eine Vernunft, die durch Aberglaube regiert, können weder im ideellen Kampf gegen religiöse Fundamentalisten noch für das Hinterfragen einer durchökonomisierten Gesellschaftsvision nützen.«

6 KETZER MÜSSEN SEIN: WARUM JOHN LOCKE SICH ZWISCHEN RAIF BADAWI UND CICERO SEHR WOHLFÜHLT UND WAS DIE NATUR DAZU SAGT

Hätten sich die schockierten, wenn nicht traumatisierten Franzosen also anno 2015 besser an einen Engländer gehalten? Wäre der von Voltaire gelobte »weise Locke« der richtige Lotse gewesen auf dem Weg in eine befriedete, tolerante Zukunft? Schon 1689 legte John Locke mit seinem »Brief über Toleranz« das bedeutendste Dokument einer damals noch weniger als zu Voltaires Zeiten allgemein durchgesetzten Tugend vor. Wie Voltaire misst auch er religiöse Toleranz vornehmlich unter Christen an der Elle des Evangeliums. Und wie jener bekennt er sich zu Gott als dem alleinigen Rächer der Schmähungen seines Namens. Die Frommen und der Staat dürften sich in dieses heikle Werk nicht hineinmengen. Christen sollten sich »aller Rache (...) enthalten, ob sie auch mit wiederholter Ungerechtigkeit bis zu sieben mal siebzig wären beleidigt worden«. Generell sei »Sünde strafen, richten und vernichten (...) ein Werk Gottes und seines Geistes. Denn Sünde sitzt, eigentlich zu reden, im Herzen, da hinein langt die Obrigkeit mit ihrer Macht und Strafe nicht«. Der Unterschied zur islamischen Theokratie, aber auch zu manch fragwürdiger Allianz von Thron und Altar in vergangenen christlichen Zeitaltern ist mit Händen zu greifen.

Raif Badawi knüpft mit seiner Definition, Religionen seien »persönliche und intime Beziehungen zwischen Individuum und Schöpfer«, direkt an Locke an. Dessen Schrift durchzieht der Gegensatz von Obrigkeit und Innerlichkeit. Religion ist bei Locke ganz eine Sache des Herzens und ergo mit physischen Maßnahmen weder zu ahnden noch herbeizuzwingen. »Die Sorgfalt und Aufsicht der Seelen kann weltlicher Obrigkeit nicht zugehören, weil deren Macht und Gewalt bloß in einem äußerlichen Zwang besteht. Da nun die wahre und selig machende Religion den innersten Herzensgrund und Glauben einfordert, (...) so mag man dann einem die Güter wegnehmen oder den Leib mit Gefängnis und allerlei Marter belegen, wird es doch alles umsonst sein, mit dergleichen Torturen die Meinung und Urteil des Gemüts zu verändern.« Für Locke gibt es keinen Hauch von Zweifel an dieser absoluten Unverträglichkeit: »Ein helleres Licht, größere Einsicht und Erkenntnis tun es allein, die Meinung und Urteil des Gemüts zu ändern, welche aber durch Leibesstrafen gar nicht gegeben noch zuwege gebracht werden.« Die gegenwärtige Praxis in vielen islamischen Ländern, den Legalismus von Koran und Sunna bis zu jener Spitze zu treiben, an der Gehorsam und Gemüt, Bekenntnis und Bestrafung ununterscheidbar werden, bildet eine lebendige Antithese.

Keiner Gefühls-, aber einer Innerlichkeitsreligion redete John Locke das Wort. Der Glaube soll im Feuer der Vernunft geschmiedet werden, den Ort dieser Probe nennt er Gewissen – abermals ein Raum fernab allen staatlichen Zugriffs. Einsicht und Erkenntnis, hieß es, können auf das Gemüt wirken, welches der Zwang wiederum programmatisch verfehlt. So entspricht dem Gegensatzpaar Innerlichkeit/Obrigkeit das Pendant Seligkeit/Glückseligkeit. Des

Staates Ziel und Zweck sei die – so übersetzt zeitgenössisch Johann F. Mayer – »bürgerliche Glückseligkeit«, seien die, wie es im lateinischen Original heißt, »bona civilia«, die rechten bürgerlichen Güter, welche Locke wie folgt auffächert: »Leben, Freiheit, Frieden, Gesundheit und Schutz des Leibes und Besitz aller zeitlichen Dinge, die zu diesem irdischen Leben gehören wie Haus, Hof, Geld, Hausrat und dergleichen.« Damit ist nahezu vollständig benannt, was den republikanischen Minimalstaat ausmacht, dessen Regierung die »bona civilia« garantieren müsse. Die Eigentumsrechte rechnen substantiell zu diesem, weshalb nur die Marktwirtschaft ihm gemäß sein kann, auch unter Lockes monarchischem Vorbehalt. Daseinsvorsorge und Landesverteidigung sind nicht minder notwendig, damit der Bürger seine Zivilität glücklich erfahren kann, ebenso ist es die Gewähr, dass »die Grenzen zwischen der Kirche und der Republik« eingehalten werden.

Die »ewige Seligkeit und Wohlfahrt der Seelen« fällt nicht ins staatliche Portfolio. Da stößt sie an die Schranke zur Kirche, von Locke begriffen als »freiwillige Sozietät oder Gesellschaft solcher Leute (...), die sich aus freien Stücken zusammen vereinigen, Gott auf eine solche Weise öffentlich zu dienen, wie sie glauben, dass es Gott gefällig und zu ihrer Seelen Heil dienlich sei«. Zweimal ist die Freiheit hier aufgerufen, nur ohne Zwang lassen sich Gläubige machen, die diesen Namen verdienen. Entscheidend auch, dass Religion für Locke eine öffentliche Tätigkeit ist, keine »Privatsache«, wie die spätmodern akzeptierte Formulierung lautet. Drittens ruht der Umgang mit dem Absoluten auf notgedrungen relativer Grundlage. Glauben meint in Lockes Perspektive den Glauben, dass dieses oder jenes »Gott gefällig (...) sei«. Andere Menschen, andere Gemeinschaften mögen zu anderen Konsequenzen aus dem je für wahr Erachteten kommen.

Die Folgen sind weitreichend. Die Gläubigen trifft Lockes kluge Mahnung, sie sollten sich nicht zu viel auf den eigenen Glauben einbilden und pfleglich mit dem der anderen umgehen; schließlich sei »eine jede Kirche (...) sich selbst orthodox, anderen irrgläubig oder ketzerisch«. Ergo bleibe jeder »seiner Meinung gewiss und lasse den anderen mit der seinen zufrieden!« Religiöse Toleranz meint exakt das: Festhalten am Eigenen, ohne das Fremde zu schmähen – eingedenk der Tatsache, dass über die religiöse Wahrheit allein der »höchste Richter aller Menschen« entscheiden wird.

Konsequenzen hat Lockes Religionsbegriff erst recht für den Staat. Dieser darf, weil er weder über die Wahrheitsfrage entscheiden noch die Gewissen binden kann, das Glaubensleben seiner Bürger nicht reglementieren. Außerdem sieht Locke im Umgang mit den Religionen den Lackmustest für die Freiheitlichkeit des Staates überhaupt. Sobald eine »abgöttische Kirche« offiziell unterdrückt werde, gebe es keine Gewähr mehr, dass dereinst einer orthodoxen Kirche es anders gehe. Man gestehe nur zu, ein »einziges Stück der Religion« offiziell einführen oder abschaffen oder bestrafen zu dürfen, schon sei es »umsonst, Maß und Ziel und gewisse Schranken zu setzen. Alles wird die Obrigkeit (...) mit gleichmäßigen Waffen erzwingen dürfen« wollen. Ein antiliberaler Dammbruch, ein Sündenfall mit Folgekosten wäre die Oberhoheit der weltlichen Leitung über geistliche Fragen. Darum ist es ein starkes Freiheitszeichen, wenn die Angehörigen ganz verschiedener Religionen in ein und demselben Land ihre verschiedenen Kulte zelebrieren, Gebetshäuser bauen und öffentliche Feste organisieren dürfen. Wie es umgekehrt auf die innere Schwäche eines Landes verweist, wenn dort nur die eine, die staatlich privilegierte Konfession sichtbar sein darf. Wüsste man nichts von Saudi-Arabien, als dass dort keine Kirchen gebaut werden dürfen, genügte dieses Wissen, um den dortigen Staat in die Reihe der Despotien einzuordnen: So wäre Locke weiterzudenken.

Die Gelassenheit, die aus dem »Brief über Toleranz« spricht, stützt sich mithin auf drei Säulen: auf den freien Willen, den Locke die freie Natur des Menschen nennt, die innere Wahrheit, die die Religion dem Menschen eingibt, und eine Seligkeit, die nicht aufoktroyiert werden kann, da sie Gnade ist. Diese drei Prinzipien können indes auf jede Form von Religion angewandt werden, die öffentliches Gehör beansprucht. Theoretisch hergeleitet und faktisch alternativlos im englischen Königreich des 18. Jahrhunderts ist das biblische Fundament. Locke argumentiert mit Lehre und Praxis der Urkirche. Wer Christus, dem Friedensfürsten, nachfolge, dürfe nicht zu Waffen greifen, nicht »mit Büchsen und Degen noch mit jeglicher menschlichen Gewalt« die Friedensbotschaft zu verbreiten suchen. Allein »die Toleranz und Erduldung derjenigen, so in Religionsmeinungen und Übungen von uns abgehen, ist der gesunden Vernunft und dem Evangelium (...) gemäß«.

Die Apostelgeschichte und die Anfangsjahre des Christentums, während deren die Jünger um ihre Einheit rangen, deutet Locke eigenwillig. Die Tatsache, dass es verbürgtermaßen Streit gab über den rechten Weg, belege die Notwendigkeit der Freiheit – der Freiheit zu wählen, zu welcher »Partei und Kirche« man halte. Mit dem uranfänglichen Pluralismus argumentierte interessanterweise 1988 auch Paul Ricœur, als er Toleranz theologisch rechtfertigte: Vier verschiedene Evangelien wurden »anerkannt und beibehalten (...), um mit dieser pluralen Einheit die zentrale Verkündigung, dass Jesus der auferstandene Christus ist, zu bezeugen«. Dennoch, setzt wiederum Locke hinzu, habe die Kirche im Rahmen ihrer eigenen Gesetzlichkeit das Recht, »die Widerspenstigen und Hartnäckigsten, die keine Hoffnung der Besserung von sich spüren lassen, gänzlich von der Gesellschaft« auszusondern. Exkommunikation, Kirchenbann, Zwinglianisches Tugendregiment: All das stößt nicht auf Lockes Widerspruch.

Auch außerhalb der Kirche, die hier, gut protestantisch, stets im Plural gedacht wird, hat die Toleranz scharfe Grenzen. »Privatgewissen« und »Privaturteil eines Menschen« können zwar den Gesetzen eines Staates zuwiderlaufen. Dann aber hat der Staat das Recht, den gewissenstreu, aber gesetzeswidrig Handelnden zu bestrafen. Der Opponent dürfe sich darüber nicht beschweren. Ein solcher Fall aber sei eigentlich undenkbar. Wo das positive Gesetz und jenes des Gewissens kollidierten, müsse eines von beiden falsch sein, weshalb beide dann »zu prüfen und zu untersuchen« seien. Sehr aus der Zukunft leuchtet hier die Hoffnung auf den herrschaftsfreien Diskurs durch, der die Wahrheit zu ermitteln vermöge. Diese Hoffnung trog bekanntlich. Es gibt kein Jenseits der Macht, wo konträre Selbst- und Weltbilder aufeinandertreffen.

Schlechte Karten hat abermals der Atheist. Er gilt als Synonym für den Unsinnigen, wie bei Voltaire. Der Staat dürfe aus Gründen des Selbstschutzes Atheisten nicht tolerieren. Bei diesen nämlich, so Locke, »kann weder Treue noch Vertrag, noch Eidschwur fest und beständig sein, welches doch die Stützen und Bande menschlicher Gesellschaft sind. Leugnet man nun Gott als den höchsten Zeugen und gewissen Rächer alles Bösen, so fällt alles dieses über den Haufen«. Dass nur Gott das Böse und Beleidigende zu rächen vermag, sagte Locke schon zuvor. Hier nun tritt Gottes Rolle als allgegenwärtiger Beobachter auch des schändlichsten Tuns hinzu, wodurch er Angelpunkt selbst der weltlichen Gesetze wird. Davon zumindest waren die Menschen des Mittelalters und des christlichen Humanismus der Renaissance fest überzeugt. Eine Ahnung hat sich heute dort erhalten, wo Menschen auf die Bibel schwören und die Wahrheit zu sagen versprechen, »so wahr mir Gott helfe«. Es ist die Ahnung, dass alles menschliche Recht einen außermenschlichen Garanten braucht, einen archimedischen Punkt gemeinschaftlicher Rückversicherung.

Kaum besser als den Atheisten ergeht es den Katholiken. Voltaire sollte später die staatsbürgerliche Loyalität der Calvinisten und gewisser katholischer Orden bezweifeln, Locke stellt den Katholiken dasselbe bedenkliche Zeugnis aus. Als habe Bismarck im Kulturkampf des späten 19. Jahrhunderts ihn zum Souffleur sich gewählt, liefert

Locke die entscheidenden Stichpunkte für eine Ausgrenzung der Katholiken, ohne diese freilich beim Namen zu nennen. Wer das Recht des Landesherrn auf »Rechtsprechung, Recht und Macht« bestreite und »in eines anderen Fürsten Pflicht, Schutz und Gehorsam« trete, könne nicht toleriert werden. Locke stellt hier die Staatsräson über die Gewissens- und Religionsfreiheit und fällt so hinter die Bedingungen seines eigenen Denkens zurück. Katholiken kann er sich offenbar nur als ultramontane Obskurantisten vorstellen, die über jedes Hölzchen springen, das der Papst ihnen hinhält.

Auch Muslime sollen sich angesprochen wissen. Ein »Mohammedaner«, erläutert Locke, dürfe sich ebenso wenig wie der Katholik auf den Standpunkt zurückziehen, er sei nur Diener der Religion und nicht auch des jeweiligen Staatsoberhaupts, des römischen Bischofs oder des »türkischen Kaisers«, der dem »Mufti zu Konstantinopel« weisungsbefugt sei. Natürlich hat Lockes Argumentation an dieser Stelle ihren blinden Fleck. Wenn Religion eine Sache des Gewissens ist, in dem Vernunft und Gemüt einander korrigieren, darf auch gesetztestreuen Katholiken und Muslimen nicht abverlangt werden, sich öffentlich von dem zu distanzieren, was sie innerlich bewegt. Auch das katholische und das islamische Bekenntnis beziehen, nehmen wir Locke beim Wort, ihre Kraft aus dem »inneren Glauben«. Oder etwa nicht?

Ein Gran Wahrheit ist Lockes Vorurteilen beigemischt. Der damals regierende, später seliggesprochene Papst Innozenz XI. stand seiner Kirche ebenso vor wie dem Kirchenstaat, verband in seiner Person die beiden Gewalten, die voneinander klar abzugrenzen Locke einklagte. Und dass im Islam beide Sphären nicht zu scheiden sind, ein islamischer Staat über die islamische Religion in ihrer jeweils majoritären Form zu wachen bereit sein muss, zählt zu dessen Grundüberzeugungen. Auch heute werden Muftis durch die jeweils zuständigen staatlichen Behörden ernannt. Dass der zuvor im holländischen Exil geschriebene, die Glaubenskriege des 16. und 17. Jahrhunderts bedenkende »Brief« 1689 erschien, im Jahr der Glorious Revolution, mit welcher der vor seiner Thronbesteigung zum Katholizismus konvertierte König Jakob II. zugunsten von Maria II. und Wilhelm III. abgesetzt wurde, bestätigte Lockes antikatholische Hoffnungen wie auch deren Abgründe. Fortan waren Katholiken Diskriminierungen ausgesetzt, zudem von der Thronfolge ausgeschlossen, während der König Oberhaupt der Church of England blieb – eine Personalunion, die sich nur schwerlich mit Lockes Forderung nach einem wechselseitigen Grenzenbewusstsein von Kirche und Staat vertrug.

Der englische Historiker John Bowle nannte Locke den »Propheten des englischen Unternehmer-Commonwealth, der Rechtsstaatlichkeit und der Toleranz. Von seinen politischen Spekulationen, den Prinzipien der Toleranz wie der eingeschränkten Monarchie, die in England ausgearbeitet wurden, ließen sich die Denker der französischen Aufklärung inspirieren«. Lockes Ansichten, ergänzt Peter Watson in »Ideen«, mögen heute Gemeinplätze sein, doch »in Lockes Tagen waren sie völlig neu. Die Idee, dass die Regierung ihre Autorität von den Regierten beziehen könnte – was ja implizit hieß, dass sie nur so lange an der Macht sein würde, wie das Volk es wollte –, war geradezu atemberaubend.« Die heute »skurril« (Heiner Hastedt) wirkende Zuteilung religiöser Toleranz je nach Staatsnähe oder -ferne hat eine gerade heute brisante Dimension, auf die ebenfalls der Praktische Philosoph Hastedt hinweist: Lockes »Orientierung an der Gestaltung der bürgerlichen Gesellschaft« bringt »von Anfang an den Grenzgedanken« in die Toleranzdebatte. Duldung, wusste schon Locke, »ist nur in einem definierten Bezugsrahmen ein überzeugendes Handlungskonzept«. Über diesen Rahmen muss heute gestritten werden. Toleranz ohne Grenzen ist und bleibt nur Ignoranz.

Deshalb ist Locke ebenso wie Voltaire ein würdiger Ahnherr des Westens. Hinter die Forderungen beider zurückzufallen, wie es heute in vorauseilender Unterwerfungsgeste hie und da geschieht, bedeutet, das westliche Freiheitsversprechen zu kassieren. Das programmatisch schon einmal Erreichte muss neu befestigt werden, damit die alten Selbstverständlichkeiten nicht hinweggeschwemmt werden im heißen Strom der Barbarei. Wirklich nur dort, wo Lockes »zukunftsfähige Paradigmen entgifteter Lebensweisheit« Raum greifen, die Grundrechte also auf Leben, Freiheit und Eigentum respektiert werden, »sind wirkliche Aufhellungen in Gang«, schreibt Peter Sloterdijk am Ende von »Zorn und Zeit«.

So lebt denn Locke fort in den Darlegungen aus dem aufhellenden Feld, etwa von Raif Badawi oder Tahar Ben Jelloun. Der Schriftsteller plädiert für eine religionsfreundliche Laizität, sodass »die Religion in den Herzen und Religionsstätten bleibt«, sich vom Politikum zur Spiritualität zurückverpuppt. Damit wäre der entscheidende Schritt gemacht hin zur Toleranz, wie Voltaire sie verstand, dem wechselseitigen Verzeihen unserer Dummheiten und Irrtümer, Menschlichkeit geheißen, ein Schritt zur Toleranz nach John Locke, die das Festhalten an der eigenen Überzeugung und das Dulden der anderen bezeichnet, ein Schritt auch auf die herausfordernde Definition zu, die das Wörterbuch von Merriam-Webster bereithält. Toleranz sei die Fähigkeit, »etwas Verletzendes und Widerwärtiges zu akzeptieren, zu erfahren und zu überleben«. Einstweilen wäre schon viel gewonnen, wenn wir uns darauf einigen könnten, dass wir nur einander verzeihen oder dulden oder akzeptieren können, dass Toleranz weder im Status des Monologs noch des Vorwurfs Ereignis wird und sie immer auf Überzeugung, nie auf Überredung, Überrumpelung, Erpressung gegründet sein kann.

Ist damit die Frage nach der spätmodernen Lotsenfähigkeit von Voltaire, die Blom in Zweifel zog, beantwortet? Einen Punkt hat der Historiker nicht berücksichtigt: die Menschennatur. Ihr kommt bei Voltaire wie Locke eine zentrale Bedeutung zu. John Locke sah bekanntlich in der freien Natur des Menschen einen Pfeiler seiner gesamten Toleranzkonzeption. Er bekennt sich explizit zu »Natur- und Völkerrecht« im inneren wie äußeren Verhältnis des Staates zu den Angehörigen fremder Religion, sieht das Gewissen jedem Menschen »von Gott eingedrückt« und formuliert dessen Nutzanwendung: »So du glaubst, die Abgötterei und falsche Religion sei irgendwo mit Gesetzen,

Strafen, Feuer und Schwert auszurotten, so trifft dies eben auch dich, wenn du anderen eine falsche und abgöttische Religion zu haben schienst.« Die Standortbezogenheit jeder religiösen Orthodoxie macht also auch in Glaubensfragen die Goldene Regel unverzichtbar.

Voltaire setzt in dieser Hinsicht Locke bruchlos fort. »Naturrecht«, erklärt Voltaire, »ist das Recht, das die Natur alle Menschen lehrt. (...) Das Menschenrecht kann auf nichts anderes als auf dies Naturrecht gegründet werden, und der große Grundsatz beider über den ganzen Erdboden ist: *Was du nicht willst, das man dir tun soll, das tue du auch nicht.* Nach diesem Grundsatz ist's aber nicht einzusehen, wie ein Mensch zum andern sagen kann: *Glaube, was ich glaube und was du nicht glauben kannst, oder du sollst des Todes sein.*« Und was lehrt das Naturrecht alle Menschen, unbeschadet ihrer Herkunft und ihres Glaubens, sodass es das wahre Band der Gattung ist? Voltaire gibt als Beispiele die Achtung der Kinder für die Eltern, das Recht der Feldarbeiter auf die Früchte der Erde, die Bereitschaft, ein Versprechen zu halten und dies umgekehrt von jedermann zu verlangen. Das zweitgenannte Exempel reibt sich gewiss mit den Grundannahmen der Marktwirtschaft, die nicht nur den »Bearbeiter« der Erde, sondern auch deren Besitzer kennt. Der Utopie vom ländlichen Gemeinschaftsidyll gab Voltaire sich hier kurzzeitig hin. Wenn er hingegen auf Gewissensfreiheit und den »Schutz des Naturrechts« verweist, kraft derer Deutschland im »Westfälischen Frieden« das Joch des Religionskrieges abgeschüttelt habe, erkennt er die Weite und Spannkraft dieses begrifflichen Doppels genau.

Voltaire dachte von den »alten Römern« groß. Er lobte den Grundsatz des Senats, Beleidigungen wider die Götter müssten auch die Götter rächen. Die Toleranz habe »als ein durch das Völkerrecht geheiligtes Gesetz« gegolten. Illustrieren soll diese nicht über jeden Zweifel erhabene Sicht der Umgang des Staates mit zwei sehr eigenständigen Denkern. »Cicero zweifelte an allem; Lukrez leugnete alles; und beiden machte man nicht den geringsten Vorwurf.« Gerade dem Allesbezweifler galt Voltaires große Sympathie. Er machte ihn zur freundlich gezeichneten Hauptfigur seines Theaterstücks »Das gerettete Rom oder Catilina« und spielte ihn selbst. Ein ciceronisches Haupt- und Spätwerk aus dem Jahr 44 v. Chr., »De officiis – Vom pflichtgemäßen Handeln«, war für Voltaire ein Vorbild sämtlicher Bücher über Moral. »De natura deorum – Vom Wesen der Götter« beeindruckte ihn nicht minder.

Dass, wer von Pflicht und Moral und den Göttern schreibt, nicht alles rundweg bezweifeln kann, versteht sich von selbst. Dieser typischen Übertreibung zum Trotz ist Cicero der entscheidende Gewährsmann für Voltaires (wie zuvor schon Lockes) Naturrechtsdenken. Die Auffassung eines natürlichen Rechtsempfindens, das den Menschen von Gott eingegeben sei, gilt heute weithin als christliches, wenn nicht katholisches Sondergut und hat einen schweren Stand auf dem Forum der Weltdeutung. Insofern sprach Benedikt XVI. bei seiner Rede im Deutschen Bundestag im September 2011 in einen fast verschollenen Geschichtsraum hinein, als er darlegte, dass es bereits »in der ersten Hälfte des 2. vorchristlichen Jahrhunderts« zu einer Begegnung gekommen war »zwischen dem von stoischen

Philosophen entwickelten sozialen Naturrecht und verantwortlichen Lehrern des römischen Rechts. In dieser Berührung ist die abendländische Rechtskultur geboren worden, die für die Rechtskultur der Menschheit von entscheidender Bedeutung war und ist.«

Es war also eine gewissermaßen heidnische, auf jeden Fall »vorchristliche Verbindung von Recht und Philosophie«, die an der Wiege der westlichen Menschenrechte stand. Voltaire und Locke hätten Papst Benedikt zugestimmt, sie kannten ihren Cicero. Locke setzte einen Satz aus Ciceros »De natura deorum – Von der Natur der Götter«, Abschnitt 84 im ersten Buch, humorvoll an den Beginn seiner »Essays«: »Wie hübsch wäre es gewesen, wenn du lieber zugegeben hättest, was du nicht weißt, anstatt solches Zeug daher zu schwätzen, was dich anekelt und dich mit dir selber hadern lässt.« Der Engländer widersprach zwar prinzipiell Ciceros Intuition, in allen Menschen gebe es einen natürlichen Sinn für Religion, pflichtete ihm aber bei, dass, wie im zweiten Buch von »De natura deorum« dargelegt, die Beschaffenheit der natürlichen Welt auf einen guten Schöpfer deute.

»Iuris natura fons«, heißt es knapp in »De officiis«, die Natur sei Quelle des Rechts. Und ausführlicher, Platon und die Stoa aufgreifend: Da der Mensch nicht auf sich selbst hin geschaffen sei, sondern um der Mitmenschen willen, »müssen wir darin der Natur als Führerin folgen, den gemeinsamen Nutzen in den Mittelpunkt stellen, durch Gegenseitigkeit der Leistungen, durch Geben und Nehmen, durch Fachkenntnisse, Opferbereitschaft und Mittel das

Band zwischenmenschlicher Zusammengehörigkeit festigen«. Durch solches Verhalten buchstabiert sich Ciceros oft zitierte Humanitas aus – ein echt menschliches und darum naturrechtlich verankertes, dem Allgemeinwohl verpflichtetes Leben, das den Menschen über das Tier erhebt.

In Ciceros älterer Schrift »De republica«, die nicht vollständig überliefert ist, tritt als einer von mehreren dialogisierenden Staatsmännern der Konsul Laelius auf, mit dessen stoischen Ansichten Cicero sympathisiert. Für Laelius ist »vera lex recta ratio, naturae congruens«, das wahre Gesetz also die rechte Vernunft, die mit der Natur im Einklang steht. Die Natur wiederum sei »allen Menschen zuteilgeworden, beständig, ewig gültig; sie ruft durch Gebote zur Pflicht, schreckt durch Verbote von Arglist ab«. Dieses eine Naturgesetz in des Wortes moralischster Bedeutung stehe jenseits der Orte und Zeiten, da »der gemeinsame Lehrer und Gebieter« es garantiere: Gott »ist der Erfinder dieses Gesetzes, der Schiedsrichter, der Schöpfer. Wer ihm nicht gehorcht, wird vor sich selbst auf der Flucht sein und, da er die menschliche Natur verleugnet, eben dafür schwerste Buße bezahlen, auch wenn er allen übrigen vermeintlichen Strafen entronnen ist.« So lässt Cicero den Stoiker Laelius reden. Ein Papst des 21. Jahrhunderts hätte es nicht schöner sagen können.

Auch in »De natura deorum« bleibt der Politiker und Philosoph Cicero ein skeptischer Freigeist. Seine Neigung aber zu stoischen Positionen, gepaart mit einem starken Gerechtigkeitsempfinden, ließen ihn im Naturrecht das Fundament wahrer Humanität, dauerhafter Rechtsstaatlichkeit und wehrhafter Toleranz finden. Der französische Wirtschaftsphilosoph Philippe Nemo erkennt darin eine menschheitsgeschichtliche Zäsur: »Die Quelle des Rechts lag nicht mehr im Mythos oder im Brauchtum und noch weniger in irgendeiner religiösen Offenbarung, sondern in der wahrhaften menschlichen Natur.« Und diese war universell, »erkennbar an Vernunft und Gewissen«, diesen zwei Konstanten. Dass in den folgenden Jahrhunderten erbittert darüber gestritten wurde, was denn die zunehmend ins Blickfeld der Machbarkeit geratene Natur dem Menschen zu tun konkret auferlege, und dass sie selbst dazu herhalten musste, allerhand Ungerechtigkeiten als naturgegeben zu rechtfertigen, nimmt diesem Einschnitt nichts von seiner befreienden, aufhellenden Epochalität.

7 »JUDE, JUDE, FEIGES SCHWEIN«: DAS KOPENHAGENER ATTENTAT, MUSLIMISCHER ANTISEMITISMUS UND DIE GANZ ALLTÄGLICHE LEISETRETEREI

Immer dunkler wurde es hingegen im Europa des Jahres 2014, dessen Sommer im Zeichen eines wachsenden Antisemitismus stand. Der türkische Ministerpräsident Recep Tayyip Erdogan sprach wieder einmal aus, was zu sagen ihn sehr drängt: dass die Israelis »kein Gewissen, keine Ehre, keinen Stolz« und im Gaza-Konflikt sogar »Hitler in Sachen Barbarei übertroffen« hätten. In Paris wurden derweil zwei Synagogen angegriffen und Autos abgefackelt, um der Forderung nach einem »freien Palästina« Nachdruck zu verleihen. In London geriet eine Demonstration gegen die israelischen Luftangriffe auf den Gaza-Streifen zum antisemitischen Spektakel. Israel, so die Botschaft beteiligter Muslime, vollende Hitlers Vernichtungskrieg, wolle einen Endsieg. In Innsbruck griffen antijüdische Demonstranten eine Frau mit Israel-Flagge an und verletzten sie. Tumulte gab es in Wien, wo Plakate »Dein Ende wird kommen, Israel« verkündeten und den Davidstern mit dem Hakenkreuz gleichsetzten. Vor den Augen aller.

»Hamas, Hamas, Juden ins Gas!« lautete der Ruf, der ebenfalls im Sommer des Jahres 2014 eben nicht von stiernackigen Neonazis, sondern von enthemmten Muslimen in Gelsenkirchen angestimmt wurde. So wie es auch nicht die Springerstiefel-Fraktion war, die in Frankfurt am Main »Kindermörder Israel!« skandierte und Plakate trug mit der

Botschaft »Ihr Juden seid Bestien«. In Berlin wiederum hieß es »Jude, Jude, feiges Schwein, komm heraus und kämpf allein!« und »Scheiß-Juden, wir kriegen euch!«. Ein Imam rief dazu auf, allen »zionistischen Juden« den Tod und entsetzliche Qualen zu bereiten, ein israelisches Paar wurde angegriffen. In Hannover wurde »Free Palestine« zum Vorwand, »mit Anlauf und einem Sprungtritt« einen Mann zu verletzen, der sich erdreistete, eine Israel-Fahne zu tragen. Und in Nürnberg stürmten junge Männer mit Salafistenkäppis und Palästina- und Türkei-Flaggen an der Seite von Frauen mit Kopftüchern eine »Burger King«-Filiale, damit an diesem vermeintlichen Symbolort jüdischen Kapitalismus' Israel in Grund und Boden geschrien werden konnte. Eine gespenstische, eine widerliche Szene, anzuschauen als ruckeliges Video, mitten in Deutschland anno 2014.

Muslime – die das Leid, das der »Islamische Staat« oder »Boko Haram« oder die Taliban auch über Muslime bringen, eher selten zu vergleichbaren Solidaritätsaktionen motiviert – agierten hier als Antisemiten. Die deutsche Polizei schaute zu, war anderweitig beschäftigt oder schlicht überfordert. Oder gar klammheimlich einverstanden? Während Hakenkreuze in der Öffentlichkeit zu Recht eine Straftat sind, ist das Signet der Hamas aus Gründen der Meinungsfreiheit wohlgelitten – bekräftigt und besiegelt vom Berliner Verwaltungsgericht im Jahr 2009. Die palästinensische Terror-Organisation, die ausweislich ihrer eigenen Charta die Vernichtung Israels und die Tötung der Juden anstrebt, durfte Ende April 2015 sogar, ebenfalls in Berlin, zum 13. »Palästinensischen Kongress für das Rückkehrrecht« laden, offiziell veranstaltet von der »Palästinensischen Gemeinschaft in Deutschland« (PGD) und dem britischen »Palestinian Return Centre«. Die Hoffnung des Präsidenten des Zentralrats der Juden, Josef Schuster, »diese antisemitische Hetze« werde unterbunden, erfüllte sich nicht.

Die PGD erklärte hingegen vorab, sie akzeptiere »keinen Antisemitismus oder anderweitigen Rassismus, welcher sich gegen die Prinzipien der Völkerverständigung und die Grundsätze der Freiheit wendet«, in ihren Reihen. Auf der Homepage erläutert die PGD, »Jerusalem – von den Palästinensern ›Al-Quds‹ genannt – ist seit Jahrhunderten das religiöse, wirtschaftliche und kulturelle Zentrum der Palästinenser«. Die »uralte arabische Tradition« sei durch die »massenhafte Einwanderung europäischer Juden und deren Anspruch auf eine ›jüdische Heimstätte‹ in Palästina« zurückgedrängt worden. Bedeutet ein palästinensisches »Rückkehrrecht« vor diesem Hintergrund eine jüdische Rückkehrpflicht nach Europa? Der alljährlich auch in Berlin am letzten Freitag des Ramadan von muslimischen Arabern und Iranern zelebrierte »Al-Quds-Tag« spricht nicht gegen diese Option. Eingeführt 1979 von Ajatollah Khomeini, zählen antiisraelische Drohungen und Vernichtungswünsche zum festen Programmpunkt. Es war der Berliner »Al-Quds-Tag« 2014, in dessen Rahmen »Tod, Tod, Israel!«, »Sieg Heil«, »Israel, Israel, feiges Schwein, komm heraus und kämpf allein!«, »Zionisten ins Gas!« gerufen wurden. Einige der rund 1200 Teilnehmer griffen Gegendemonstranten mit Israelfahnen an, schlugen sie, würgten sie. Angesichts solcher rituell wiederkehrender antisemitischer Ausbrüche ist der »Al-Quds-Tag« ein Beispiel für falsche Toleranz.

Warum sind die westlichen Gesellschaften wenig abwehrbereit gegenüber dem alten Gift des Antisemitismus? Erstens reicht die besonders in Deutschland stolz zelebrierte »Aufarbeitung« doch nicht bis in jene Regionen von Hirn und Herz, wo die Keime des Bösen sprießen. Der schlimme Verdacht gegen die Juden als heimliche Herren der Welt, denen letztlich alles zuzutrauen sei, hält sich wacker. Der rechtsextremistische Bodensatz scheint unbesiegbar. Zweitens gibt es keine Konzepte wider die in einer Migrationsgesellschaft ansteigenden antijüdischen Stereotype des Islam. Und drittens war man wohl auch auf dem linken Auge blind. Nicht erst die perverse Eskalation bei einer Demonstration der »Linken Jugend« (NRW) in Essen, wo im Juli 2014 Antisemiten die Hamas feierten und »Adolf Hitler« skandierten und im Medium angeblicher Friedensliebe Schmähkritik gegen Israel vorgetragen und schließlich ein Häuflein Gegendemonstranten durch die Straßen gejagt wurde, zeigt: Die linke Israelfeindschaft ist genauso unappetitlich und geistlos wie der Antisemitismus von rechts.

Eine jüdische Berlinerin schreibt mit Blick auf die Ereignisse des Juli 2014 in ihrem Blog »Irgendwie jüdisch« unter der Überschrift »Und das Land schweigt«: »Man will uns kriegen, man sagt, man wisse, wo wir wohnen, man droht uns, bedroht uns, geht auf uns los. Hier in diesem Land, auf offener Straße. Und was tut dieses Land? Warum gibt es keinen Aufschrei, keinen Ruf des Haltens gegen Menschen, die so etwas rufen? Warum sieht man zu, dass nach dem Gas gerufen wird, in das wir gehen sollen? (...) Wo ist der Aufschrei der Bevölkerung, wenn solche Menschen, denen es allein um ihren Hass gegen uns Juden geht, die keine Differenzierung machen, über die gleichen Straßen marschieren, wie es einst die Nazis taten? Wo ist die doch sonst so gern empörte Gesellschaft? Wo der Wutbürger? Wo? (...) Endlich darf man wieder seinen Antisemitismus offen leben – solange man kein Parteibuch der NPD hat. Ja, ich habe Angst. Mit jedem Tag mehr. Ich fühle mich nicht mehr sicher.« Das Fazit der Bloggerin ist bitter: »Wir sind in eine Zeit gekommen, in der wir uns wieder verstecken müssen. Nicht örtlich, noch nicht. Aber als Mensch, als Person. Die Herkunft verleugnen, die Religion. Ich kann es nicht, sie ist ein Teil von mir.«

Tatsächlich rieten Josef Schuster wie auch seine Vorgängerin an der Spitze des Zentralrats zur Vorsicht im öffentlichen Umgang mit der Kippa. Alle Juden in Deutschland, so Charlotte Knobloch Ende Juli 2014, sollten sich derzeit »nicht als Jude erkennbar machen«. Das Risiko sei schlicht zu groß: »Was wir derzeit erleben, ist die kummervollste und bedrohlichste Zeit seit 1945.« Meinungs- und Versammlungsfreiheit dürften nicht zur »hemmungslosen Judenhetze« missbraucht werden. Unmittelbar vor Knoblochs düsteren Worten hatte es einen Brandanschlag auf die Wuppertaler Synagoge gegeben – in jener nordrhein-westfälischen Stadt, in der Anfang September 2014 der Islamist Pierre Vogel mit einem freundlichen Lächeln eine vermutlich irgendwie ironisch gemeinte »Scharia-Polizei« auf Streife schickte und in der im März 2015 auf einer Demonstration von Salafisten der bekannte Schlachtruf »Allah vernichte die USA, Allah vernichte die Juden, Allah vernichte Israel« skandiert wurde, ehe das dortige Amtsgericht im Februar 2015 die palästinensischen Brandanschläger, drei Männer im Alter zwischen 18 und 29 Jahren, zu Bewährungsstrafen von bis zu 15 Monaten verurteilte. Strafmildernd wirkten sich die Tatzeit aus – nach Mitternacht – sowie die fehlenden »Anhaltspunkte für eine antisemitische Tat«. Für ein deutsches Gericht ist also der Versuch, eine Synagoge zum Brennen zu bringen, kein Ausdruck von Antisemitismus. Müssen wir uns die drei Muslime als Architekturkritiker oder Lichtkünstler vorstellen? Auch die Jurisprudenz, lernen wir, kann es mit der Toleranz so weit bringen, dass sie bei deren Gegenteil landet.

Josef Schuster wandte sich ausdrücklich gegen einen »sehr verbreiteten Judenhass bei vielen Menschen palästinensischer oder arabischer Abstammung« und die »übelsten antisemitischen Parolen« auf den Demonstrationen im Sommer 2014. Deshalb müsse die Frage erlaubt sein, »ob es tatsächlich sinnvoll ist, sich in Problemvierteln, in Vierteln mit einem hohen muslimischen Anteil, als Jude durch das Tragen der Kippa zu erkennen zu geben – oder ob man da besser eine andere Kopfbedeckung trägt«. Im April 2015 schwächte er die Mahnung etwas ab, nur Gegenden mit »sehr vielen radikalisierten Muslimen« könnten dem Kippa-Träger gefährlich werden. Daran aber hielt Schuster fest, trotz wohlmeinender Auslassungen Berliner Lokalpolitiker, in der Hauptstadt müsse kein Jude um sein Leben fürchten. Ein Kommentar in der »Jüdischen Allgemeinen« beharrte auf der Wahrheit des Faktischen: »Der Regierende Bürgermeister Michael Müller (...) nimmt die Ängste der Berliner Juden nicht ernst und weiß scheinbar besser, wo man sich mit Kippa auf dem Kopf zeigen kann. Integrationssenatorin Dilek Kolat redet die Problematik des massiven Antisemitismus in Teilen der muslimischen Bevölkerung klein, weil sie sich auf Statistiken der Polizei bezieht, in denen nahezu jede antisemitische Straftat automatisch als rechtsradikal eingeordnet wird, was nachweislich nicht zutrifft.« Ihre eigenen Lehren zog die Berliner Jüdische Gemeinde. Sie verschickt ihr Mitgliedermagazin mittlerweile in einem neutralen Umschlag – als wäre es Extremisten- oder Schmuddelware.

Falsch ist der Eindruck, es handele sich bei dem öffentlich zelebrierten Judenhass um repräsentative Äußerungen des hiesigen Mehrheitsislam. Was sind schon 1200 »Al-Quds«-Krakeeler in einer Stadt, in der vermutlich rund 300000 Muslime leben? Andererseits: Die Kundgebungen wider den islamisch verschärften Antisemitismus waren auch keine Massenereignisse. Mitte September 2014 kamen einige tausend Menschen unter dem Motto »Steh auf! Nie wieder Judenhass!« am Brandenburger Tor zusammen. Der Zentralrat der Juden in Deutschland hatte die Kundgebung organisiert. Vorab war mit mehr Teilnehmern gerechnet worden. Die Bundeskanzlerin redete, der Vorsitzende des Zentralrats der Juden, zwei Bischöfe taten es auch. Der Bundespräsident und sein unmittelbarer Amtsvorgänger wohnten bei. Muslime wurden – wohl auch aufgrund organisatorischer Misshelligkeiten – wenige gesichtet. Dabei war der Anlass der Zusammenkunft vom damaligen Zentralrats-Chef Dieter Graumann klar benannt: »Weit überwiegend muslimische Menschen« hätten in den vergangenen Monaten »die schlimmsten antisemitischen Parolen auf deutschen Straßen seit vielen Jahrzehnten« gebrüllt. Durch ganz Europa ziehe sich eine Welle muslimischen Judenhasses.

Die anderen Redner taten sich schwerer, Ross und Reiter zu benennen. Natürlich, es gab und gibt widerliche Allianzen von einheimischen Neonazis und zugewanderten Judenhassern. Insofern stimmt es, wenn der damalige Ratsvorsitzende der Evangelischen Kirche, Nikolaus Schneider, an die Geschichte des kirchlichen Antijudaismus erinnerte, wenn der Vorsitzende der katholischen Bischofskonferenz, Reinhard Marx, »dieselben moralischen Grundüberzeugungen« von Juden und Christen bekräftigte, und wenn die Kanzlerin die »immerwährende Verantwortung« Deutschlands »nach dem Zivilisationsbruch der Schoa« erneuert. Auf welche Erinnerung aber können Migranten und Neubürger verpflichtet werden, die sich der Bundesrepublik gerade anschlossen? Was bleibt von der »Verantwortung« vor der eigenen Geschichte übrig, wenn diese von der Staatsspitze wachgehalten wird, im denkbar heterogenen Staatsvolk aber kaum eine Resonanz findet?

Die Kundgebung am Brandenburger Tor wurde von allen im Bundestag vertretenen Parteien unterstützt, auch vom Deutschen Fußballbund, dem Koordinierungsrat der Gesellschaften für Christlich-Jüdische Zusammenarbeit und der Deutsch-Israelischen Gesellschaft. Keine muslimische Organisation findet sich auf der Liste. Der Zentralrat der Juden hatte seinerseits auch keine Redebeiträge von Muslimen angefragt. Das mag ein Zeichen sein, wie schwer die Sprachlosigkeit zwischen den Religionen zu überwinden ist, in beide Richtungen. Weshalb aber waren, wie eine Berliner Zeitung schreibt, »weit und breit« – von einzelnen Vertretern abgesehen – keine muslimischen Organisationen zu sehen? »Kein arabischer oder türkischer Verein schwenkte seine Fahne.«

Aus welchen Gründen auch immer wessen Empfindlichkeiten auch immer berührt worden sein mögen: Es war ein seltsames Schauspiel. Christen solidarisieren sich mit Juden, wenn diese von Muslimen attackiert werden. Das ist in Deutschland nicht selbstverständlich und stimmt hoffnungsfroh. Aber ohne das aktualisierte öffentliche Bekenntnis der Muslime wird es keinen Religionsfrieden geben. Es sollte doch ein Leichtes sein, folgt man den Worten Aiman Mazyeks, des Vorsitzenden des Zentralrats der Muslime: »Der Islam ist, wie alle anderen abrahamitischen Religionen, im innersten Kern antirassistisch. Wer Muslim ist, kann kein Antisemit sein.« Kein islamisches Salām erklang am Brandenburger Tor, wohl aber annoncierte in der darauffolgenden Woche der »Koordinationsrat der Muslime« die Aktion »Muslime stehen auf gegen Hass und Unrecht«. In neun ausgewählten Städten fanden daraufhin am 19. September 2014 nach dem Freitagsgebet »Mahnwache und Friedenskundgebung gemeinsam mit Bürgerinnen und Bürgern vor Ort« statt. Damit sollte »dem Extremismus jeglicher Couleur eine Absage« erteilt werden; schließlich habe es »in den letzten Monaten Angriffe auf fünf Moscheen und eine Synagoge« gegeben und »allein seit 2012 (...) mehr als 80 Übergriffe auf Moscheen«. Der Appell des Koordinierungsrats endete mit den Worten: »Wir sind eine bunte Gesellschaft, und das ist ein Segen, um voneinander zu lernen.«

Wie sehr dieser Lernprozess noch im Propädeutikum feststeckt, zeigte nicht zuletzt die Schmach der Polizei von Hagen wenige Wochen zuvor, Anfang August 2014. Rund 500 antiisraelisch gesinnte Menschen reckten die Flagge der Türkei empor und wurden laut. Leider war aus akustischen Gründen nicht jede Schmähung zu verstehen. Da trat die Polizei als Freund und Helfer auf den Plan. Ein Beamter gab dem Anführer ein Dienstmegaphon, und siehe da, nun drang es glasklar durch die Hagener Fußgängerzone: »Kindermörder Israel, Kindermörder Israel!« In Bochum, Gelsenkirchen, Essen hatte man zuvor ähnliche Parolen gehört. Der Hagener Polizeipräsident klopfte sich ob der Heldentat auf die Schulter und erklärte im regionalen Rundfunk, er sei mit dem Verlauf der Veranstaltung zufrieden: »Hagen ist eine Stadt mit einem großen Migrantenanteil, sodass solche Demonstrationen auch aus dem Ufer (sic!) laufen können.« Dank des kurzfristig überlassenen Megaphons kam es nicht dazu. Aufgemerkt: Auch umgedrehter Rassismus bleibt Rassismus. Migranten, denkt sich die Hagener Polizei, sind gefährliche Tiere, man muss sie bellen lassen, sonst beißen sie. So züchtet vermeintliche Toleranz ihr Gegenteil.

Ob ein staatliches Megaphon wohl auch in Celle seine deeskalierende Wirkung entfaltet hätte? Dort droschen Jesiden und Muslime Anfang Oktober 2014 aufeinander ein, wie sie es schon Anfang August 2014 in Herford getan hatten. Jesiden waren vom »Islamischen Staat« aus Nordirak vertrieben, waren verschleppt, versklavt, getötet worden. Die Konflikte im Nahen Osten waren damit auf den bundesdeutschen Straßen angekommen. Auslöser waren im letztgenannten Fall »Sympathisanten des ›Islamischen Staates‹«. Das also gibt es tatsächlich: Menschen, die aller Wahrscheinlichkeit nach in Deutschland leben, denen es aller Wahrscheinlichkeit nach an nichts Lebenswichtigem mangelt und die sich in der Öffentlichkeit zu einer islamistischen Terrormiliz bekennen, zu Blutsäufern mit der Kernkompetenz Kopfabschlagen.

Zwischen Herford und Celle lag Frankfurt. Nicht mit Faust und Flagge, doch mit wüsten Worten exponierte sich die »Islamische Religionsgemeinschaft Hessen« (IRH). Die Jüdische Gemeinde verließ daraufhin aus Protest den Rat der Religionen der Stadt Frankfurt. Der IRH hatte sich zuvor mit der Aussage zu Wort gemeldet, der Zentralrat der Juden instrumentalisiere den Antisemitismus als »Ablenkungsmanöver vom Kriegsverbrechen der israelischen Regierung«. Ein Vertreter der IRH hatte auf Beiträge verlinkt, die Israel Staatsterrorismus und vielfachen Kindermord vorwarfen. Leo Latasch von der Jüdischen Gemeinde erklärte im August 2014: »Wenn der jüdische Staat in Frankfurt als kindermordendes Monstrum beschimpft wird, sind auch wir Frankfurter Juden gemeint. Dagegen müssen wir uns wehren. Gerade vom Rat der Religionen, der doch ein Gremium des friedlichen Dialogs sein soll, erwarten wir, dass er israelfeindliche und antisemitische Aussagen seiner Mitglieder umgehend kritisiert und gegebenenfalls Konsequenzen daraus zieht. Das ist nicht geschehen, also handeln wir konsequent: Die Jüdische Gemeinde ist nicht mehr Mitglied in diesem Rat der Religionen.«

Lässt sich vielleicht in diesem Fall darüber streiten, wo die feine Linie zwischen Israelhass und Judenhass verlaufe, so ist die Grenzziehung der Linzer Staatsanwaltschaft bizarr. In dem oberösterreichischen Städtchen hatte ein türkischstämmiger Friseur auf seiner Facebook-Seite im Dezember 2014 Adolf Hitler mit den fiktiven Worten zitiert: »Ich könnte alle Juden töten. Aber ich habe einige am Leben gelassen, um euch zu zeigen, wieso ich sie getötet habe.« Auch erflehte der Friseur von Allah die Vernichtung Israels. Er habe gegen Israels Vorgehen im Gaza-Streifen protestieren wollen. Der Verfassungsschutz ermittelte, die Staatsanwaltschaft stellte das Verfahren ein – mit gewitzter Begründung: »Das Verbotsgesetz bestraft die Glorifizierung des nationalsozialistischen Gedankengutes. Die Aussagen des Verdächtigen waren aber keine Verherrlichung von Hitler, sondern vielmehr eine Unmutsäußerung gegenüber Israel.« Wer also ein glühender Nationalsozialist ist, der darf bei Tag und Nacht, in der Stube und auf dem Marktplatz Adolf Hitler zitieren, solange es ihm Spaß macht, er muss nur darauf achten, seine Tiraden in einen antiisraelischen Kontext zu setzen. Auf seine Österreicher kann der »Führer« sich verlassen.

Weiter westlich und weiter im Norden macht die Internationale des Judenhasses ebenfalls Fortschritte. Anfang Oktober 2014 hatte in Den Haag der Gassenhauer »Tod den Juden« seinen Auftritt. Die dortige Fangruppe des »Islamischen Staates« intonierte ihn. Mehrere Hundert Fahnenschwenker zogen durch die Innenstadt des Parlaments- und Regierungssitzes der Niederlande. Vom antisemitischen Spektakel in London unter dem Etikett der Demonstrationsfreiheit war schon die Rede. Und in Dänemark stellte im Februar 2015 der jüdische Sender »Radio Shalom« sein Programm ein. PET, der Sicherheits- und Geheimdienst des Landes, hatte es dringend anempfohlen, angeordnet. »Zu gefährlich« sei es derzeit, wenn Juden öffentlich ihre Stimme erheben. Das hatte natürlich, wie alles Tragische, eine Vorgeschichte.

Finn Nørgaard und Dan Uzan wurden am 14. und 15. Februar 2015 in Kopenhagen ermordet, einen guten Monat nach den Anschlägen von Paris, die offenbar dem Täter als Vorbild dienten. Wieder waren es zwei Anschlagsorte, von denen der eine, ein Kulturzentrum, für die offene Gesellschaft des Westens stand, der andere, eine Synagoge, für das Judentum – wie es in Paris die Redaktionsräume der Satirezeitschrift und der Supermarkt für koschere Lebensmittel getan hatten. Das Kulturzentrum hatte gläserne Scheiben zur Straße hin. Es war einsehbar auch für den Täter, war transparent, wie es einer freien Debattenkultur entsprechen sollte und insofern Ausdruck einer spezifischen Wertegemeinschaft, ein Dingsymbol gewissermaßen des Westens. Im Innern, das ein Außen war, fand an diesem 14. Februar eine Diskussion statt zur Frage nach dem Verhältnis von »Kunst, Gotteslästerung und Meinungsfreiheit«. Allein diese Frage stellen zu dürfen statt sie von vornherein als ungebührlich, sittenwidrig, gotteslästerlich aus dem Kanon des Diskutablen auszusondern, ist eine Errungenschaft, die sich westlichen Traditionen verdankt und für die der Westen weltweit argumentativ eintreten muss, will er sie nicht auch zu Hause verspielen.

Deshalb war der Tonfall bedenklich nach dem verhinderten Anschlag auf eine Ausstellung mit Zeichnungen Mohammeds in Garland, Texas, am 3. Mai 2015. Polizisten, zum Schutz der Ausstellung abgestellt, erwiderten das Feuer, das zwei Männer eröffnet hatten. Ein Polizist wurde verletzt, die beiden Angreifer starben. Hätte niemand sie aufgehalten, müssten wir womöglich bis zu 200 Tote beklagen, darunter den niederländischen Politiker Geert Wilders, der zur Eröffnung eine Rede gehalten hatte. 350 Einsendungen zum Mohammed-Zeichenwettbewerb gab es, 10 000 Dollar standen als Preisgeld bereit. Eine Zeichnung zeigte den schwertschwingenden Mohammed mit der Sprechblase »Ihr könnt mich nicht zeichnen« und eine Hand mit Bleistift, die genau das tut, »darum zeichne ich dich«. Das hat »Charlie Hebdo«-Niveau. Auf einem anderen Bild zischen aus Mohammeds Bart dem Betrachter Schlangen entgegen, bissig und wild. Die Bilder waren erkennbar auf Attacke eingestellt, Wilder ist ein provokativer Rechtspopulist. Doch hätte er den Tod verdient, entschuldigt die charakterliche oder weltanschauliche Disposition eines potentiellen Opfers die Täter, ein kleines bisschen zumindest? Offenbar tut sie das, lautete der Tenor der Berichterstattung doch, dies- und jenseits des Atlantiks: Selber schuld. Man weiß, was einem blüht, wenn man Muslime reizt. Oder Geert Wilders sich ins Haus lädt. Oder gar beides, wie es die Veranstalter von Garland getan haben, für die »provokante islamfeindliche Aktionen« das tägliche Brot sind. Die Ausstellung sei schon vor Eröffnung »umstritten« gewesen.

Natürlich muss sich die veranstaltende »Amerikanische Initiative zur Verteidigung der Freiheit« die ernste Frage gefallen lassen, ob forcierte Provokationen klug sind in einem derart aufgeheizten Klima. Diese Frage aber kann nur gestellt werden, wenn wir alle uns noch gemeinsam in einem abwägungsoffenen Raum befinden. Genau damit soll es nach dem Willen radikalislamischer Attentäter weltweit ein Ende haben – und offenbar auch nach der fürsorgenden Ansicht vieler Kommentatoren im angeblich so freien Westen, die lieber auf den »umstrittenen« Charakter der

Schau und der Protagonisten hinwiesen, als sich mit der Tötungsbereitschaft amerikanischer Islamisten auseinanderzusetzen. Das Umstrittene ist indes der Normalfall in einer freien Gesellschaft. Dinge sind nur dann umstritten, wenn man über sie streiten darf. Und wenn man öffentlich nicht mehr frei streiten darf, mit richtigen oder mit falschen Argumenten, ist es vorbei mit der Freiheit. Nicht am Umstrittenen geht eine freie Gesellschaft zugrunde, sondern an denen, die keinen Streit ertragen.

War das Attentat auf »Charlie Hebdo« ein Fanal für die beiden Attentäter von Garland? Vielleicht. In Kopenhagen gibt es kaum einen Zweifel. Der französische Botschafter, der der Veranstaltung beiwohnte, stellte selbst den Zusammenhang her. Hier, in Kopenhagen, sei versucht worden, den Anschlag auf »Charlie Hebdo« zu kopieren. Die Kugeln des Attentäters verfehlten ihn, verfehlten auch den Karikaturisten Lars Vilks, dem das Attentat vermutlich galt, verfehlten aber nicht den Dokumentarfilmer Nørgaard. Er starb, weil ein 22-Jähriger, in Dänemark geborener Palästinenser, dessen Name mit Omar Abdel Hamid El-Hussein angegeben wird und der ein ähnlich tristes Leben geführt haben muss wie die Pariser Mörder – Scheidungskind aus Einwandererfamilie, Kleinkrimineller, Gewalttäter, Gefängnisinsasse –, einen Hass in sich großgezogen hatte auf die Juden und auf die als deren Kernmilieu wahrgenommene freie Gesellschaft des Westens. Das israelische Außenministerium ließ danach verlauten, es sei »Zeit für die Wahrheit: Die Juden Europas sind im Stich gelassen worden«. Der ehrenamtliche Wachmann Dan Uzan lebt nicht mehr, weil er eine Bar-Mitzwa-Feier schützen wollte. Ihn traf eine Kugel im Kopf. Er wurde 37 Jahre alt.

Auf Lars Vilks hatte »ISIS« bereits 2007 ein Kopfgeld in Höhe von 100 000 US-Dollar ausgesetzt. Von Vilks' drei Zeichnungen, die Mohammed im Rahmen von Entwurfskizzen für die in Schweden beliebten »Rondellhunde« als Hund zeigten, war deren eine im August 2007 von einer kleinen Zeitung veröffentlicht worden. Anschlagsziel war Vilks daraufhin mehrfach gewesen. Seit dem Kopenhagener Doppelmord lebt er an geheimem Ort. Dort wird ihm nicht entgangen sein, was das dänische Fernsehen berichtete. Ein junger Muslim sagt einem Reporter, wer angegriffen werde, müsse sich verteidigen, und wer den Propheten mit einer Bombe auf dem Kopf zeichnet, verdiene den Tod. Damit muss zwar das entsprechende Werk Kurt Westergaards von 2005, nicht Lars Vilks gemeint sein, die Rabulistik aber ist bekannt. Kritik an religiöser Gewaltgeneigtheit soll mit Gewalt der Religiösen bestraft werden, wodurch die Kritik erst recht stichhaltig wird.

Um solchen Gefahren zu entgehen, verbreitete das dänische Fernsehen mithilfe eines Nachrichtenbandes die Handlungsanweisung des Staates. »Kommunen an Schulen: Sagt nicht, dass der Terrorist Muslim war.« Die Beugung der Wirklichkeit soll diese erträglich machen – und schafft nur neue Abgründe. Auf solchermaßen ideologisch verzerrter Geschäftsgrundlage muss das potentielle Opfer sich rechtfertigen, steht es doch als Störenfried dar. »Viele Menschen«, sagt der gerettete Karikaturist Vilks, beschuldigten ihn nun, »es sei meine Schuld. Warum habe ich provoziert? Jetzt sind Menschen getötet worden. Meine Schuld. Das ist etwas, das ich jetzt oft höre.« Niemals aber dürften Meinungs- und Redefreiheit nach Taten von Extremisten eingeschränkt werden, »wir verhandeln nicht mit Mördern. Das ist falsches Denken«.

Hat die dänische Ministerpräsidentin Helle Thorning-Schmidt das Richtige gedacht und gesagt? Die »zynische Terrortat« sei »gegen unseren Glauben an Freiheit und die Gleichheit der Menschen« gerichtet gewesen. Es handele sich aber um »keinen Kampf zwischen Muslimen und Nicht-Muslimen. Das ist ein Kampf zwischen der Freiheit des Einzelnen und einer dunklen Ideologie«. Wie aber lautet diese dunkle Ideologie? Radikalislam doch wohl. Er liefert das ideologische Kampfbesteck für gewaltbereite Jungmannen. Dies auszusprechen, erschien der Ministerpräsidentin inopportun. Insofern ist natürlich kein Krieg ausgebrochen zwischen Muslimen und dem Rest der Welt, wohl aber zwischen radikalislamischer Ideologie und allen konkurrierenden Weltbildern, zuvörderst dem der westlichen Zivilisation, was wiederum Muslime in eine besondere Verantwortung setzt. Der Kausalnexus von Islam und Radikalislam ist zu offensichtlich, als dass er negiert werden könnte, negiert werden dürfte.

Der dänische Schriftsteller Carsten Jensen wies nach den Anschlägen in einem Gastbeitrag für die »Frankfurter Allgemeine Zeitung« darauf hin, dass Dänemark und Großbritannien »die einzigen europäischen Länder« sind, »die in den vergangenen zwölf Jahren an den vier Kriegen im Irak, in Afghanistan, in Libyen und nun gegen den ›Islamischen Staat‹ teilgenommen haben.« Was folgt daraus? Dass, wer im Ausland Wind sät, in der Heimat Sturm ernten wird? So sehen es vermutlich die zornigen jungen Männer, die den Dschihad dem Westen vorziehen. Laut Jensen sei Dänemark »in zwei Jahrzehnten zielgerichtet auf die Konfrontation zugesteuert. Nun haben wir sie. Unsere

Politiker haben uns darauf vorbereitet. Und wir haben die Einwanderer, Flüchtlinge und ihre Nachkommen in einer sich selbst erfüllenden Prophezeiung darauf vorbereitet: Hinter dem Schleier, hinter dem Vollbart, innerhalb der Mauern der Moscheen seid ihr doch so. Die Gewalt liegt auf der Lauer – in eurer Religion, in eurer Kultur, in eurer Geschichte, in eurem Zorn, in eurem Geist«.

Welches Zeugnis stellt Jensen damit der »Viertelmillion muslimischer Mitbürger« aus? Sie wurden demnach von der nichtmuslimischen Bevölkerungsmehrheit derart misstrauisch, vorurteilsbeladen beäugt, dass ein Doppelmord, der Misstrauen und Vorurteil zu überwinden nicht beitrug, die Konsequenz sein musste, »zielgerichtet«. So beackert Jensen das argumentative Vorfeld der Freiheitsfeinde. Wenn denen die Hutschnur platzt und sie auf Judenjagd gehen, handelt es sich offenbar um Druckausgleich im Dampfkochtopf des Hasses.

Falls Jensens Zahlenangabe stimmt, kommen in Dänemark auf 100 Muslime weniger als drei Juden. Dan Uzan wurde dennoch ermordet. Er rechnete den rund 8000 dänischen Juden zu, die sich sicher wähnten in ihrer Heimat. Antisemitismus ist ein Phänomen jüngeren Datums; legendär ist die Hilfsaktion von 1943, als mutige Dänen etwa so viele Juden, wie heute in ihrem Land leben, mit Schiffen nach Schweden brachten, um sie vor den Deutschen zu retten. Die Schweden schauen heute sorgenvoll und aufgrund eigener Erfahrungen nach Kopenhagen. Die Vorsitzende des schwedischen Zentralrats der Juden, Lena Posner-Körösi, kritisiert ein vertrautes Muster westlicher

Katastrophenbewältigung: »Politiker und Medien müssen sich endlich trauen, die Dinge beim Namen zu nennen. Kommt die Gewalt von Rechtsextremisten, hat man ja auch kein Problem damit. Sobald es sich jedoch um Islamisten oder verschiedene muslimische Vereinigungen handelt, scheut Schweden zurück.« So blieben »wir Juden« das Ziel, »egal wo«.

Ein drittes Mal stoße ich auf die Zahl von 8000 Juden. Damit wurde im Februar 2015 ein Rekord markiert. Noch nie zuvor hatten derart viele Menschen innerhalb einer Woche die landesweiten französischen »Messen der Chancen in Israel« besucht. Das Ministerium für Alija und die Jewish Agency hatten eingeladen. 8000 französische Juden liebäugelten mit jener Emigration nach Israel, die ihnen Ministerpräsident Benjamin Netanjahu nicht verargte, im Gegenteil. Er warb nach den Anschlägen von Paris und Kopenhagen vehement für eine Ausreise: »Israel ist eure Heimstätte.« Ihre Heimat allerdings haben die meisten europäischen Juden in Europa, wo sonst, sodass die Kritik an diesem Appell zum Braindrain laut und heftig und verständlich war.

Dennoch scheint Europa auf dem raschen Weg, zur »judenfreien« Zone zu werden; nicht überall, nicht immer, aber häufig und an vielen Stellen. Das Bedauern des israelischen Botschafters in Deutschland, Jakov Hadas-Handelsman, er beneide angesichts der gesamteuropäischen Welle des Antisemitismus die in Europa lebenden Juden »wirklich nicht«, trifft auf eine vielfach als bedrückend erfahrene Wirklichkeit. Jenseits dessen, ob die folgende

Aussage in dieser Pauschalität zutrifft – gewiss tut sie das nicht –, findet sich das weitverbreitete jüdische Lebensgefühl in dem Statement wieder: »Es muss einmal gesagt sein: Alle Gewalttaten an Juden werden von jungen Muslimen begangen.« Sprach Ende Februar 2015 Roger Cukierman, der dem »Conseil Représentatif des Institutions juives de France« vorsteht, dem Dachverband der jüdischen Institutionen in Frankreich.

Wenige Tage danach veröffentlichte das US-amerikanische »Pew Research Center« eine Studie, wonach sich der Antisemitismus auf dem höchsten Stand seit sieben Jahren befinde. Juden seien in 34 von 45 untersuchten europäischen Ländern Belästigungen und Einschränkungen ausgesetzt, entweder von Seiten der Regierung oder durch »soziale Feindseligkeiten« gegenüber religiösen Minderheiten, weltweit in 77 Ländern oder 39 Prozent. Als die Studie 2007 das erste Mal erhoben wurde, belief sich der globale Anteil auf nur 26 Prozent. An der Spitze der gegängelten Religionsgruppen stehen unverändert Christen, die laut »Pew Research Center« in 102 der 198 betrachteten Staaten keine volle Religionsfreiheit genießen, und Muslime in deren 99.

Als der Zweite Weltkrieg zu Ende ging, nach der Schoah, lebten noch 3,8 Millionen Juden in Europa. Seitdem ging es weiter rapide bergab, 2010 waren es gerade 1,4 Millionen. Auch diese Zahlen stellte »Pew« Anfang 2015 zur Verfügung. Der größte Anteil des Rückgangs geht auf das Konto der ehemaligen Sowjetstaaten, während die jüdische Population etwa in Frankreich sogar zwischen 1939 und 2010 stabil geblieben sei und sich bei etwas über 300 000 bewege. In den letzten Jahren indes hat eine Auswanderungswelle eingesetzt. Knapp 7000 Juden verließen 2014 Frankreich, für das darauffolgende Jahre rechnet man mit einer Verdoppelung. Franzosen bilden die größte Gruppe unter den »Olim Chadashim«, den nach Eretz Israel Zugewanderten.

Ob die Maßnahmen der Pariser Regierung etwas daran ändern werden? Ministerpräsident Hollande kündigte »schnellere und effizientere Strafen« bei Volksverhetzungen an, »Antisemitismus und Islamophobie« bedrohten die Nation. Die etwa fünfzehnmal so große Gruppe der französischen Muslime, aus deren Reihen nicht nur die Attentäter stammen, sondern auch die Opfer von Moscheeschändungen und Anschuldigungen und Vorurteilen, sollen für den gemeinsamen Kampf wider den Hass gewonnen werden. Keine Diskriminierung aufgrund des Glaubens oder der Ethnie oder des Geschlechts ist tolerabel. Zu Recht warnte Ende April 2015 der Päpstliche Rat für den interreligiösen Dialog vor einer wachsenden »Stigmatisierung von Muslimen«. Es zählt zur Stärke des Westens, dass Muslime hier frei leben können, auch wenn in den muslimischen Kernlanden Religionsfreiheit nirgends verwirklicht ist. Akzeptierte der Westen hier nur Geschäfte auf Gegenseitigkeit, gäbe er die Definitionshoheit über den Begriff und die Praxis der Freiheit aus der Hand. Gleichwohl müssen die Defizite offen benannt werden, und zu dieser Offenheit gehört der Umstand, dass die Freiheit auf Europas Straßen und die Sicherheit von Europas Bürgern derzeit stärker von radikalen Islamisten denn von radikalen Islamgegnern bedroht sind.

Die neuen französischen Maßnahmen gegen »Hassreden« sehen sich zudem dem Verdacht ausgesetzt, in bester konträrer Absicht das Geschäft der islamistischen Freiheitsfeinde zu betreiben. Der Furor des kämpferischen Publizisten Brendan O'Neill von »Spiked« (London) ist gewaltig. Frankreichs Antwort »auf die Gewehr schwingenden Koran-Fundamentalisten, die einen unbarmherzigen Krieg jenen Karikaturisten erklärt haben, die Mohammed beleidigten, besteht darin, diesen unbarmherzigen Krieg auf andere Formen anstößiger Rede auszuweiten«. O'Neill bezieht sich auf eine Aussage von Justizministerin Christiane Taubira von Ende Februar 2015, Frankreich werde einen »unbarmherzigen Krieg« gegen »Rassimus und Antisemitismus« auch und gerade im Internet führen, und fürchtet flächendeckende Zensuren missliebiger Meinungen – laut Taubira auch ohne Gerichtsurteile, auf dem Weg behördlicher Anordnung. Allein in den sieben Tagen nach dem Pariser Massaker seien 54 Menschen wegen »Hassreden« eingesperrt worden; einige hatten sich mit den Mördern solidarisch erklärt. Wegen »schwulenfeindlicher Hassrede« im Kurznachrichtendienst Twitter wurden, so O'Neill, bereits Ende Januar 2015 drei Menschen schuldig gesprochen und zu Strafzahlungen von insgesamt 1300 Euro verurteilt.

Diese Meinungsstrenge in alle Richtungen kann theoretisch beides sein: ein Zurechtzucken der Zivilgesellschaft auf ihre unverrückbar liberalen Grundlagen wie auch deren Abschmelze. Wie aber verhält es sich mit jenem beklagenswerten Phänomen, dem Robert S. Wistrich, Professor für moderne europäische Geschichte an der Hebräischen Universität Jerusalem, schon 2002 eine detailreiche Studie widmete, dem »muslimischen Antisemitismus«? Wäre es islamophob, also rassistisch, darauf hinzuweisen, Ross und Reiter zu benennen, oder wäre es im Gegenteil rassistisch, hier zu schweigen und in wolkigen Floskeln Zuflucht zu suchen? Allen wohl, keinem weh – fraternité? Das kann die Losung in vielfach kriegerischer Zeit nicht sein. Ebenso wenig war es recht, in der Vergangenheit die Augen zu verschließen vor dem christlichen Antijudaismus.

Wistrich schrieb sein Buch unmittelbar nach den Anschlägen vom 11. September 2001, die in der Geschichte seines Themas eine Zäsur darstellten, eine barbarische und maximal überdehnende Revitalisierung älterer Ideologeme – obwohl der New Yorker Massenmord in erster Linie den Westen und die Vereinigten Staaten als dessen bedeutendsten Exponenten treffen sollte. Juden und Muslime lebten früher durchaus, so Wistrich, gemeinsam in »Perioden, in denen relative Toleranz überwog und Juden (...) gelegentlich sogar etwas politischen Einfluss unter islamischer Herrschaft erlangen konnten. Allerdings war ihre Existenz häufiger, als meistens angenommen, von Marokko bis Iran durch Leid, Demütigungen und weit verbreitete Gewalt gekennzeichnet«, vor allem im elften und zwölften Jahrhundert.

Wistrich zitiert aus der Charta der Hamas von 1988, in deren 32. Artikel die nachweislich gefälschten »Protokolle der Weisen von Zion« als Beleg herangezogen werden, um das vermeintlich expansionistische Wesen und die ewigen »Intrigen der Zionisten« zu erklären. Die Hamas, wir erinnern uns, hat treue Statthalter in Berlin und lässt dort gerne Kongresse veranstalten. »Für militante islamische Gruppen«, weiß Wistrich, »wie al-Qaida, die Taliban, Hamas, Hizbollah und viele andere ist der antisemitische Antizionismus ein wesentlicher Teil ihrer nihilistisch-totalitären Geisteshaltung.« Auch im Mehrheitsislam ist die Judenfreundschaft rar gesät. Schon im September und Oktober 2000 gab es einen »alarmierenden Anstieg von antisemitischen Anschlägen von Muslimen/Arabern auf die jüdische Gemeinschaft in der Diaspora, vor allem in Europa. Darunter sind Brandanschläge auf Synagogen, Schändungen, körperliche Angriffe, Briefbomben (...). Solche Attacken haben in Frankreich fast schon epidemische Ausmaße erreicht (...). Die gefährliche Verbindung von radikalem Antizionismus und islamistischem Judenhass der muslimischen Einwanderer hat die französischen Juden nachhaltig alarmiert.«

In mehrheitlich muslimischen Gesellschaften, etwa in Syrien, Jordanien, Ägypten oder Pakistan, schoben prominente, regierungsnahe oder gar regierungsamtliche Stimmen die Verantwortung für 9/11 »den Zionisten, der israelischen Regierung und dem Mossad zu«. Das »Schreckgespenst ›jüdischer Dominanz‹«, folgert Wistrich, »ist Teil eines geschlossenen Weltbildes von einer jüdischen Weltverschwörung. Diese Weltsicht hat seit der deutlichen Niederlage der Araber von 1967 stetig an Kraft gewonnen.« Schulbücher und Zeitungen aus dem arabischen Raum legen davon Zeugnis ab – in Karikaturen, deren hetzerische Bildersprache im umgekehrten Fall erhöhte Sicherheitsvorkehrungen vor den Schreibstuben der Verantwortlichen nach sich zöge. Wistrichs Fazit: »Seit dem Jahr 2000 hat der Antisemitismus es geschafft, sich vollkommen im politischen Körper des Islam festzusetzen.«

Ist das zu pauschal gedacht? Sind es nicht nur die extremen Ränder, die dieser Vorwurf treffen könnte? Überzieht Wistrich nicht gewaltig, wenn er von »koranischem Judenhass« spricht, sein Urteil also ausweitet von den einzelnen Gläubigen auf die Rechtsgrundlage aller Muslime? Selbst Tahar Ben Jelloun, der muslimische Schriftsteller, der einiges auszusetzen hat am gegenwärtigen Islam, sagt: Der Islam »als letzte Offenbarungsreligion ist eine Religion des Friedens und der Toleranz«, der Name ›Islam‹ habe »dieselbe Wurzel wie das Wort ›Frieden‹ im Arabischen und in mehreren anderen Sprachen«. Der Koran, erläutert Ben Jelloun weiter, »verdammt jeglichen Angriff auf das Leben eines Unschuldigen«, weshalb in Sure 5, Vers 32 geschrieben steht: »Wer ein menschliches Wesen tötet, ohne (dass es) einen Mord (begangen) oder auf der Erde Unheil gestiftet (hat), so ist es, als ob er alle Menschen getötet hätte. Und wer es am Leben erhält, so ist, als ob er alle Menschen am Leben erhält«.

Die Frage indes stellt sich mir da, welche Tat ein solches Unheil wäre, dass der Unheilstifter doch getötet werden dürfte – wer befindet darüber? Galt etwa die Fatwa, die den britischen Schriftsteller Salman Rushdie für des Todes würdig erklärte aufgrund als blasphemisch kritisierter Zeilen, einem Unruhestifter, war also rechtens? Eine andere Übersetzung desselben Verses integriert den schillernden Begriff der Rache in das relative Tötungsverbot: »Wenn einer jemanden tötet, (und zwar) nicht (etwa zur Rache) für jemand (anderes, der von diesem getötet worden ist) oder (zur Strafe für) Unheil (das er) auf der Erde (angerichtet hat), es so sein soll, als ob er die Menschen alle getötet hätte.«

Vielleicht sorgt Karen Armstrong mit ihrem 2014 erschienenen Standardwerk »Fields of Blood«, »Im Namen Gottes. Religion und Gewalt«, für Aufklärung. Die englische Religionswissenschaftlerin führt zum Charakter des heiligen Buchs der Muslime aus: »Durch den gesamten Koran zieht sich ein Gegensatz von Rücksichtslosigkeit und Barmherzigkeit. Die Gläubigen werden ständig zum Kampf aufgefordert, ›bis es keine Verfolgung mehr gibt und die Religion (allein) Allahs ist‹ (Sure 2, Vers 193), aber gleichzeitig wird auch immer wieder gesagt, dass es keine Gewalt mehr geben darf, sobald der Feind um Frieden bittet.« Die Ambivalenz, heißt das, ist nicht stillzustellen, die Dialektik von Menschen nicht zu schlichten.

Vielleicht auch deshalb hat der Islam ein »vollständiges Zivil- und Strafrecht« (Tamim Ansary) entwickelt und hierdurch einen gewissen Überhang des juristischen Weltzugangs zulasten freier Frömmigkeit. Er lässt sich auch als die Summe seiner unterschiedlichen Rechtsschulen begreifen. Die fünf Gebete am Tag etwa sind verpflichtend und sind es in exakt vorgeschriebener Form, sodass das beste Sehnen bei falscher Kleidung, falscher Blickrichtung, falscher Höhe der Hände, falschem Winkel der Arme nicht zu Allah dringt. Der ägyptische Jesuit Samir Khalil Samir erinnert sich an »eine unangenehme Szene (...) während eines Treffens über den islamisch-christlichen Dialog in Rom. Ein Imam aus Jordanien sollte ein Gebet vortragen. Er rezitierte aus dem Gedächtnis einige Verse aus dem Koran und irrte sich in einem Wort. Sogleich erhob sich ein Raunen unter den anwesenden Muslimen, die ihn korrigierten, doch der Ärmste irrte sich ein zweites und auch noch ein drittes Mal.

Am Ende brach er völlig verwirrt ab und verließ beschämt den Raum. Er hatte Anstoß bei den Zuhörern erregt, weil er das ungeschaffene Wort Gottes entstellt hatte«.

Islamische Gebete können aus Formgründen ungültig sein. Im voluminösen »Handbuch Islam« über die »Glaubens- und Rechtslehre der Muslime« von 2005 erklärt Ahmad A. Reidegeld: »Das Gebet muss in der Form verrichtet werden, wie der Prophet es verrichtet hat (...). Es kommt niemandem zu, an der so festgelegten Form etwas zu ändern, weder für sich selbst noch für eine Gruppe von Muslimen, noch überhaupt. Das gilt für alle Einzelbereiche (...), für die körperlichen Dinge: Bewegungen und Haltungen (Stehen, Beugen, Niederwerfung, Sitzen, Schlussgruß-Bewegung); die sprachlichen Dinge: benutzte Sprache (Arabisch in der klassischen Form), Koranrezitation (in vorgeschriebener Form), Bittgebete (während der Verbeugung, der Niederwerfung, usw.).«

Wie aber hielt es Mohammed selbst mit den Juden? Da die »Imitation Mohammeds ein zentrales Element der islamischen Frömmigkeit« (Armstrong) darstellt, ist sein Verhalten von enormer Bedeutung. In Medina, wohin Mohammed aus seiner Heimatstadt Mekka geflohen war, lebten 20 jüdische Stämme. Drei davon, fasst Armstrong zusammen, »waren entschlossen, Mohammed zu vernichten, weil er ihren politischen Aufstieg in der Oase behinderte. Da sie beträchtliche militärische Stärke und ein Bündnis mit Mekka auf ihrer Seite hatten, stellten sie ein Sicherheitsrisiko dar.« Zwei der drei Stämme ließ Mohammed darum ausweisen. Sie wurden aus Medina vertrieben. Der dritte Stamm, die Quraiza, hatte aber während der Belagerung Medinas, der »Grabenschlacht«, mit den Angreifern paktiert, heißt es, woraufhin Mohammed »keine Gnade walten ließ. Wie es im arabischen Raum üblich war, wurden die siebenhundert Männer des Stammes getötet und die Frauen und Kinder als Sklaven verkauft. Die anderen siebzehn jüdischen Stämme verblieben in Medina«.

Armstrong nennt die Vernichtung eine Gräueltat und den »Tiefpunkt in der Karriere des Propheten«, obwohl die Quraiza aus politischen, nicht aus religiösen Gründen verurteilt worden seien. Der frühe muslimische Historiker Ibn Ishāq berichtete rund 120 Jahre nach Mohammeds Tod, die Juden seien »Gruppe um Gruppe in den Gräben enthauptet« worden, »insgesamt waren es sechs- oder siebenhundert Männer; einige behaupten sogar, es seien zwischen acht- und neunhundert gewesen«. Ibn Ishāq schildert ausführlich die Köpfung eines »Feindes Gottes«, des jüdischen Anführers Huyayy ibn Akhtab, der in ein »rötliches Gewand« gesteckt und gefesselt wird, die Rechtmäßigkeit seiner Hinrichtung bekennt, den »Kindern Israels« sei schließlich »eine Schrift, ein Verhängnis und ein Gemetzel geoffenbart« worden, sich setzt und sodann sitzend »enthauptet« wird – die nicht nur ikonografischen Parallelen zu den Mordaktionen des »Islamischen Staates« sind offensichtlich.

Tilman Nagel schreibt, »die judaisierten Stämme« hätten Mohammeds »Anspruch auf die Prophetenschaft schroff« abgelehnt. Nach einer im Jahre 624 gewonnenen Schlacht, einem erfolgreichen Überfall, fühlte er sich »stark genug, gegen die Juden vorzugehen, sie teils zu vertreiben, teils zu töten« – in dieser Deutung dann doch aus religiösen Gründen. Haim Hillel Ben-Sasson spricht in seiner »Geschichte des jüdischen Volkes« von einem »grausamen Ausrottungskrieg« Mohammeds gegen die Juden, während der Islamwissenschaftler Hartmut Bobzin um Verständnis wirbt. Das Vorgehen Mohammeds gegen die Juden, »so unbegreiflich es uns heute in manchen Zügen zu sein scheint, hat jedoch nicht zu einer grundsätzlich judenfeindlichen Haltung des Islams geführt«, Mohammed habe »im Rahmen der damaligen in Arabien üblichen ethischen Normen gehandelt«. So oder so: Medina markiert die Geburtsstunde des politischen Islam.

Doch womöglich waltet hier die Optik des Westens. Wer für den Islam zu werben bereit, wer selbst Muslim ist, sieht die Dinge vielleicht anders, vielleicht angemessener. Zu den originellsten Weltdeutungen in muslimischer Perspektive zählt Tamim Ansarys vielgelobtes Werk von 2009, »Destiny Disrupted«, »Die unbekannte Mitte der Welt. Globalgeschichte aus islamischer Sicht«. Der Autor stammt aus Afghanistan, hatte eine amerikanische Mutter und lebt heute in San Francisco. Und er schreibt: Vor der »Grabenschlacht« anno 627 hatten sich die Banu Quraiza »insgeheim« mit dem arabischen Stamm der Quraisch oder Koreischiten verschworen und sich bereit erklärt, »den muslimischen Verteidigern in den Rücken zu fallen, sobald die Streitmacht aus Mekka von vorn angriff«. Als die Belagerer von Medina aber nach und nach abzogen, einschließlich der Koreischiten, saßen die Quraiza »in der Klemme. Ihre Verschwörung war aufgeflogen, und jetzt waren ihre Verbündeten verschwunden. Mohammed machte dem ganzen Stamm den Prozess und setzte einen der Stammesführer aus Medina als Richter ein. Der Stamm wurde schuldig gesprochen, und der Richter erklärte, auf Verrat stünde die Todesstrafe. Einige Beobachter widersprachen dem Urteil, doch Mohammed bestätigte es. Damit wurden achthundert jüdische Männer auf dem Platz von Medina hingerichtet und die Frauen und Kinder ins Exil zu den beiden anderen jüdischen Stämmen geschickt. Dieses Drama versetzte die arabische Welt in Schrecken«. Feindesliebe gehörte nicht unbedingt zum Programm Mohammeds in Medina.

Ist damit das harsche Diktum vom »koranischen Judenhass« bestätigt? Nein. Dazu bedarf es eines Blicks in den Koran, keines punktuellen Ereignisses aus Mohammeds Leben, und Robert Wistrich wurde fündig wie andere auch. Laut Sure 2, Vers 61 müssten die Juden »gedemütigt werden, ›weil sie die Zeichen Gottes nicht als wahr angenommen und die Propheten unrechtmäßig ermordet haben‹. Nach einem anderen Vers – Sure 5, 78 – wurden ›die Ungläubigen der Kinder Israels‹ sowohl von David als auch von Jesus verflucht. Die Strafe für die Verweigerung des Glaubens an die göttlichen Zeichen und die Wunder der Propheten bestand darin, die Juden in Affen und Schweine oder Anbeter von Götzen zu verwandeln (Sure 5, 60)«. Da gebe es ferner jene »Vielzahl weiterer Suren«, in denen die Juden der »Lüge« (Sure 3, 71), der »Verneblung« (Sure 4, 46), der Feigheit, der Habgier geziehen werden und als »Verderber der Schrift. Die letzte Beschuldigung bezieht sich auf einen fest verwurzelten Glauben im Islam, nach dem die originalen Offenbarungen des Alten und Neuen Testaments authentisch seien, sie aber systematisch von unwürdigen Sachwaltern (jüdischen und christlichen) deformiert worden seien. Daher mussten die biblischen Schriften vom Koran abgelöst werden«. Nennen wir diese Unterstellung die Korruptionsthese. Mohammed kam demnach in die Welt, um den Juden und Christen eine Lektion in Texttreue zu erteilen, sie vom Joch verderbter Überlieferung zu befreien. Darum wird er auch das Siegel der Propheten genannt. Er hat in allem das letzte, das authentische Wort.

Die lange Traditionsspur muslimischer Judenfeindschaft von Mohammeds Tagen bis heute ist unleugbar. Es gibt sie im Islam ebenso wie jenes Ensemble menschlicher Haltungen, das Tahar Ben Jelloun so gewinnend zusammenfasst, »die Solidarität, die Brüderlichkeit, die Frömmigkeit und die Achtung der Spiritualität«, ergänzt um »die gleichen Werte, die alle Religionen lehren«, man solle »nicht lügen, keinen Verrat begehen, nicht töten, keinen Selbstmord begehen.« Der Islam liefert zur selben Zeit sozial Abgehängten eine Schablone für ihren Lebensekel, bewaffnet machtgierige Blutsäufer mit einem ideologischen Überbau und muss sich beides zurechnen lassen, wie locker auch immer die Bande geknüpft sein mögen. Er könnte eine spirituelle Oase sein und ist an vielen Stellen eine Wüste, in der das Tödliche gedeiht.

»Ihr seid Juden, also habt ihr Geld«: Diese Worte sind überliefert vom Überfall dreier junger Männer auf ein junges jüdisches Paar im Pariser Vorort Créteil Anfang Dezember 2014, bei dem die junge Frau vergewaltigt wurde.

Eine Stunde dauerte das Martyrium des Paares. Die Angreifer stammten aus Schwarzafrika und dem Maghreb. Wenige Wochen zuvor hatte eine Studie der Stiftung »Fondation pour l'innovation politique« ergeben, dass 50 bis 70 Prozent der französischen Muslime bestimmte Vorurteile gegen Juden bestätigten. Stärker ist der Antisemitismus lediglich bei den Wählern des Front National verbreitet.

8 ABENDLAND, ABGEBRANNT?

WIE DER WESTEN ENTSTAND, WAS ARABIEN WUSSTE UND WIEDER VERGASS UND WANN DIE GEWALTENTEILUNG VOM HIMMEL FIEL

Welche Antworten hält der Westen parat auf die zahlreichen Versuche, seine Fundamente zu unterminieren? Denn dass hier tatsächlich zwei Weltanschauungen mit stark unterschiedlicher Konfliktbereitschaft aufeinanderprallen, ist unstrittig. Tamim Ansary spricht es aus: »Mit dem Islam und dem Westen stehen zwei gewaltige Welten nebeneinander, doch es ist bemerkenswert, wie wenig sie einander zur Kenntnis genommen haben. Wenn der Islam und der Westen zwei Menschen wären, dann würden wir vermutlich Symptome der Verdrängung diagnostizieren und uns fragen, ob zwischen beiden etwas vorgefallen sein könnte, ob sie vielleicht früher einmal ein Liebespaar waren.« Höchste Zeit also, dass wir uns fragen: Der Westen, was ist das eigentlich? Wann und wie und warum kam er in die Welt, und weshalb entscheidet sich heute, ob wir seine Geschichte als abgeschlossen betrachten müssen – oder ob er sein bestes Erbe revitalisiert und sich zur eigenen Freiheit befreit?

Auch in dieser Hinsicht wusste Goethe Bescheid: »Was du ererbt von deinen Vätern hast«, ließ er seinen Doktor Faust erkennen, »erwirb es, um es zu besitzen.« Immer kommt etwas auf uns von den Menschen, die vor uns waren, nicht immer aber macht der Gegenwartsmensch sich dieses Geschenk zu eigen: So wirbt Goethe für jenen ebenso schöpferischen wie hartnäckigen Umgang mit der

Vergangenheit, der die Souveränität oder Selbstvergessenheit einer Zivilisation ausmacht. Und was ist der Westen anderes als eine Zivilisation eigenen Zuschnitts, also »vor allem ein Raum, ein kultureller Bereich, (...) ein Ort«? Der große französische Historiker Fernand Braudel leistete diese Begriffsarbeit schon 1959, heute berufen sich auf sie Niall Ferguson und Carlo Strenger. Ferguson führt sie hin zur leitenden Frage, »wie es der westlichen Zivilisation gelang, den Rest der Welt zu dominieren«, und gibt eine erste vorläufige Antwort: »Wettbewerb und Monopol, Wissenschaft und Aberglaube, Freiheit und Sklaverei, Heilen und Töten, Fleiß und Faulheit – der Westen war Vater des Guten wie des Schlechten«. Eine Innovations- wie Ambiguitätsexplosion muss demnach der Westen in die Welt gebracht haben. Strenger greift die Zentralität der Freiheit bei Braudel auf und identifiziert die heutige »freie Welt, also die Gruppe der Staaten, die liberale Prinzipien umgesetzt haben (freie und gleiche Wahlen, Gewaltenteilung, Meinungsfreiheit und weitere Grundrechte, Existenz einer unabhängigen Zivilgesellschaft, Kultur der verantwortlichen Meinungsbildung)«, mit dem Westen. Wodurch dieser die lokale Begrenzung hinter sich gelassen hätte, vom Raum zum Prinzip geworden wäre, zum Ideenreich.

Fergusons so unglücklich betitelten »Killerapplikationen«, die unwiderstehlichen Erfolgsrezepte des Westens, haben wir schon kennengelernt. Der britische Historiker versteht darunter bekanntlich den Wettbewerb, »insofern als Europa selbst politisch zersplittert war und es auch in jeder Monarchie oder Republik zahlreiche miteinander konkurrierende autonome Körperschaften gab«, die Wissenschaft, den Rechtsstaat, die Medizin, die Konsumgesellschaft und die Arbeitsethik. Wettbewerb, erläutert Ferguson, meine sowohl den politischen wie auch den wirtschaftlichen, im Rechtsstaat seien die Eigentumsrechte zentral. Die Herausbildung dieser Institutionen in den »kleinen Staaten Westeuropas« habe »ab dem späten 15. Jahrhundert« die westliche Zivilisation geformt und »Völker in allen Weltregionen zum westlichen Lebensstil bekehrt«. Ist der Westen demnach neben einem Prinzip auch ein Stil und zudem eine Religion? Bekehrung findet gemeinhin im Vorhof des Glaubens statt. Die säkulare Wendung der Formel ist das theoretisch strahlende, praktisch heikle Wort vom Westen als Wertegemeinschaft, an deren Wiege somit um 1500 Renaissance und Humanismus standen.

Unberührt von diesem trauten Epochenbild ist die Frage, wer denn dann die Eltern des Westens waren – um bei der Metapher zu bleiben. Selbst Ferguson, der in der Regel post festum erzählt, mit einem klaren Blick auf die Erfolgsgeschichte aus heutiger Perspektive, ortet für den zwar schlingernden, nicht immer leuchtenden, aber doch unaufhaltsamen Siegeszug der sechs Institutionen, auch Apps genannt, ein Prä. Die bewussten »kleinen Staaten Westeuropas« hätten gemeinsame sprachliche Wurzeln im Lateinischen und Griechischen und eine auf den »Lehren eines Juden aus Nazareth« beruhende Religion sowie Mathematik, Astronomie, Technologie »aus dem Orient«. Westen hieß also Aneignung, Anverwandlung.

Ohne einen Blick in die Antike werden wir die Geschichte nicht verstehen. Wenn der Westen eine derart vielfältige, schillernde Welt ist, die sich sehr vieler Anregungen verdankt, müssen wir den Blick weiten, jenseits der Wasserscheide des Christentums. So wie Braudel hier Strenger und Ferguson bei ihrer Suche nach dem Wesen des Westens verbindet, so heißt der gemeinsame Dritte von Peter Watson und Philippe Nemo: Cicero. Der kluge Kopf aus dem ersten vorchristlichen Jahrhundert, der seine Unbestechlichkeit mit einem grausamen Tod auf Antonius' Befehl büßte, hat das Naturrecht nicht ersonnen, aber begrifflich zum Leuchten gebracht. Peter Watson spricht ihm zitatweise das Lob zu, »der entscheidende Vorfahre der gesamten liberalen Tradition des Westens« gewesen zu sein. Unter Rückgriff auf die Stoa wurde, so Watson, bei Cicero »der Begriff des ›Naturgesetzes‹ geboren, dem eine so lange Lebensdauer im abendländischen Denken beschieden sein sollte«. Ob Watson damit unterstellt, die Geschichte von Naturgesetz und Naturrecht sei an ihr Ende gekommen? Dann wäre tatsächlich und ganz anders, als von Oswald Spengler behauptet, das Abendland perdu. Kein Westen ist mehr, wo das Naturrecht starb.

Der französische Philosoph Philippe Nemo setzt in seiner Antwort auf die Frage »Was ist der Westen?« (2004) ebenfalls bei Cicero an. Er will laut Untertitel die »Genese der abendländischen Zivilisation« skizzieren, verwendet »Westen« und »Abendland« weitgehend synonym und definiert dieses als »jene Kultur, die Westeuropa und Nordamerika miteinander gemeinsam haben«. Beide Begriffe bildeten sich durch die Geschichte hindurch an ihrem jeweiligen Gegensatz, im Hochmittelalter am Morgenland, im Kalten Krieg am Osten, der nach 1990 wieder Routine darin entwickelte, den Okzident abzuwerten als »materialistisch, prosaisch und nicht wirklich christlich«. Diese Polemik wird gegenwärtig verstärkt durch eine strategische Allianz von orthodoxer Kirche und Staatsführung.

Cicero nun aber, in dessen »De re publica« sich die Worte finden vom »wahren Gesetz in der geradlinigen Vernunft (...) in Einklang mit der Natur, die über alle Menschen sich ausgebreitet hat«, verankerte das Recht in der Natur, nicht mehr in Mythos, Brauchtum, Offenbarung. Für Nemo der entscheidende Anstoß hin zum bürgerlichen Recht, »das auch heute noch den Sockel aller modernen westlichen Rechtssysteme bildet«. Das römische Recht konturiert er als »Quelle des westlichen Humanismus«. Wie nämlich sollte sich der Mensch frei, seiner Anlagen gemäß entfalten, wenn zwischen Mein und Dein, Ich und Du keine klare, allen einsichtige und im Zweifel einklagbare Grenze besteht? Mit dem Privatrecht schufen die Römer zugleich »die unabhängige, individuelle Person« – ein Entwicklungsschritt, den der Islam nicht nachvollzog, wo »der Einzelne sich seinen Platz im Paradies verdient, indem er sich dieser Gemeinschaft (sc. der Muslime) anschließt« (Tamim Ansary) –, und vermutlich übertrug Cicero in »De officiis« erstmals die Theaterfigur, die Persona, auf den Menschen im Allgemeinen. Die Person kam zur Welt aus dem Geist des römischen Rechts und des Naturrechts, das jenes vorbereitete. Cicero war, in einem produktiven Sinn, der erste Egoist.

Die Römer standen auf den Schultern der Griechen, ohne deshalb Zwerge zu sein. In der griechischen Polis entstanden recht eigentlich der öffentliche Raum, die Agora der Bürgerversammlungen, die Idee einer Gleichheit vor dem Gesetz und einer »Autonomie der gesellschaftlichen Ordnung« in Absehung von der rein physischen Welt, Voraussetzung all dessen, was wir Politik nennen. Hellas verknüpfte dank der »Nikomachischen Ethik« des Aristoteles die politische mit der praktischen Philosophie, deren gemeinsames Zentrum die Frage nach dem Guten ist. Der Mensch erscheint als das bekannte *zoon politikon*, auf Gemeinschaft angelegt, und als ethisches Subjekt in Sorge um sich selbst. Ihn drängt es nach Weisheit und nach praktischer Vernünftigkeit, gut nennt Aristoteles »ein Tätigsein der Seele im Sinne der ihr wesenhaften Tüchtigkeit«. Ein Spintisieren im Wolkenkuckucksheim der schönen Gesinnung ist damit ebenso ausgeschlossen wie ein Handeln, das sich um die Folgen nicht schert.

Die Griechen, beharrt Nemo und ruft ebenfalls Aristoteles in den Zeugenstand, schufen vielleicht nicht die Demokratie, wohl aber den Rechtsstaat. »Als später die politischen Philosophen Englands die Ausdrücke *government of law, not of men* und *rule of law* prägen, formulieren sie das alte staatsbürgerliche Ideal Griechenlands lediglich in ihrer eigenen Sprache neu.« Die Römer knüpften daran an, verschriftlichten das zuvor mündlich Tradierte und schritten fort zum Privatrecht: »Der Fortschritt, den Rom dem Recht zugedeihen ließ, hat die Menschheit endgültig aus dem Stammesdenken befreit. Der Westen wird diese Errungenschaft zur gleichen Zeit aufnehmen wie das griechische Verständnis vom Bürger. Der Osten indes wird sie ignorieren.« So lautet Nemos unmittelbar anschließende

These: »Offensichtlich hat keine nicht-westliche Zivilisation je absichtlich den Fortschritt erstrebt.« Einen Grund konnten wir schon Dan Diners »Versiegelter Zeit« entnehmen. Jenes Geschichtsbild, das nach vorne gerichtet ist, pfeilgerade auf die Ankunft oder Wiederkehr des Messias zu, verdankt sich einer jüdischen wie christlichen Eschatologie. Politischer Quietismus oder die stete Wiederkehr des Gleichen sind da nicht vorgesehen

Mit der Konstitution jener Ideen, die in das westliche Prinzip mündeten, war freilich noch längst keine Herrschaft der Toleranz etabliert. Nemo führt eine lange Ahnengalerie auf, im Mittelalter bei den Außenseitern Abélard, Raimundus Lullus und bei Cusanus beginnend, sich aufgipfelnd zu Locke und Voltaire. Wachsen musste auf diesem anstrengenden Weg, der immer wieder in Versuche umschlug, die Macht über das Recht, die Gewalt über die Gerechtigkeit zu stellen, mühsam die Erkenntnis, dass Pluralismus ein Gut und kein Krankheitssymptom ist. Nemo findet für diese umkämpfte Einsicht die schöne Formulierung: »Wahrheit gibt es nur auf Bewährung.« Bewähren muss sie sich erstens in der Tat und zweitens vor dem Gegenargument. Wie eben auch – so sagte es Paul Ricœur – am Beginn des Christentums mit den vier verschiedenen Lebensbeschreibungen seines Gründers ein pluraler Zugang zur Wahrheit stand. Mit dieser die Toleranz festigenden Wertschätzung des Vielgestaltigen steht oder fällt heute der Westen. Wer Differenzen nicht als Chance begreift, das Eigene je neu zu entdecken, hat sich aus dem Westen verabschiedet. Hat nicht erworben, was er besitzen sollte, das, was »keiner anderen Zivilisation außer dem westlichen Abendland« gelang, nämlich »den intellektuellen Pluralismus« – in Fergusons Begrifflichkeit: den Wettbewerb – zu einem positiven Wert zu erheben und Institutionen zu schaffen, »die ihn beschützen und ins Werk setzen sollten. Es gab eine indische, chinesische, japanische und arabische Wissenschaft. Doch das Fehlen einer wirklichen Freiheit zur Kritik war für sie fatal«.

Nemo betont die Einzigartigkeit des Westens, an der jeder heute so beliebte Kulturrelativismus abprallen muss. Der im besten Fall symphonische Zusammenklang von Wissenschaft, Rechtsstaat, Privateigentum, Demokratie, Geistesfreiheit und Rationalität – abermals sind es sechs »Killerapplikationen«, wobei die drei letztgenannten Medizin, Konsumgesellschaft und Arbeitsethik bei Ferguson ersetzen – entstand vor einem konkreten Geschichtshintergrund, in einer präzisen Konstellation, zu der die Griechen und die Römer und die Bibel ihre je eigenen und je unverzichtbaren Impulse beitrugen. Bürgersinn, Öffentlichkeit, Rechtsdenken, ferner Privateigentum, Person, Humanismus, schließlich die neue Zeitlichkeit und eine »Moral des Mitgefühls« stellten sie bereit. So gedieh auf Athener, Römer, Jerusalemer Boden der Humus der Pluralität, aus dem allein jene unstillbare Neugier hervorgehen konnte, die bis heute den Westen als ein innovationsfreundliches Prinzip kennzeichnet, mal mehr und mal weniger, doch stets eingedenk der von Nemo erkannten Tatsache, dass historisch sich »die technische Zivilisation (...) erst aus der Wissensteilung ergibt. Und diese setzt eine freiheitliche und pluralistische Organisation des intellektuellen und wirtschaftlichen Austausches voraus«.

Im Umkehrschluss bedeutet ein Nein zur pluralen Gesellschaft ein Nein zu Innovation, Technik, Wissenschaft. Wenn Nemos These stimmt, dass sich die Wissenschaft in keiner muslimischen Gesellschaft dauerhaft hat akklimatisieren können – ich ließe mich gerne vom Gegenteil überzeugen –, dann ist damit ein Indiz gegeben für die prinzipielle Unverträglichkeit von Islam und Westen, für eine »echte Distanz«, wie Nemo schreibt. Unter der »sengenden Allgegenwart der Transzendenz« (Dan Diner) wächst nicht jede Blume. Der Westen ist ein Prinzip, der Islam erscheint als Ideologie.

Was freilich nichts daran ändert, dass vor rund tausend Jahren »die islamische Kultur Europa auf fast allen Gebieten überlegen« war, »islamische Herrscher galten als wohlhabender, ihre Heere als schlagkräftiger; islamische Intellektuelle erzielten in Kunst, Forschung, Wissenschaft weit größere Fortschritte«. Allerdings, so weiterhin Vishal Mangalwadi, fehlte ihnen das langfristig wirkmächtigste Ferment des Fortschritts in humanistischer Perspektive, das »theologische Verständnis des Mittelalters von der Beziehung Gottes zum Universum«, dessen wichtigsten Vertreter er ähnlich früh identifiziert wie der Historiker Heinrich August Winkler: Augustinus. Der Bischof von Hippo war im vierten Jahrhundert nicht nur mit seiner »absoluten Begeisterung für Musik« Pionier einer philosophischen Vermählung von Klang und Vernunft, er beharrte auch auf dem freien Willen des Menschen, wodurch dessen Personalität aufgewertet wurde, und stellte die Menschenwürde ins Zentrum der christlichen Anthropologie: Gott habe den Menschen nach seinem Bild und also zum schöpferischen Hüter der Erde geschaffen. Pico della Mirandola griff diesen Gedanken im späten 15. Jahrhundert auf und verstärkte ihn, zu jener Zeit also, da Niall Ferguson zufolge die westliche Zivilisation sich herauszubilden begann. Der Westen als »denkende Gesellschaft« (Mangalwadi) war da.

Warum jedoch soll es nach dem Jahr 1000 rasch vorbei gewesen sein mit der islamischen Blüte? Warum fand das goldene Zeitalter von Bagdad mit seinen enormen Wissensdurchbrüchen auf so vielen Feldern zwischen Mathematik und Botanik, Medizin und Astrologie abrupt ein Ende? Selbst wenn wir mit Peter Sloterdijk »die kulturellen Großtaten des kosmopolitischen, moderaten und schöpferischen Islam bis zum 13. Jahrhundert« datieren, liegt diese Epoche lange zurück. Noch länger ist die Niederkunft des Korans Geschichte und damit der tatsächlich »aufregende Gedanke, dass die allererste Offenbarung an einen des Lesens und Schreibens unkundigen Gesandten Gottes (...) diesem Analphabeten nichts anderes befiehlt, als zu lesen und zu schreiben – ein Befehl, dem noch ein Lob der Feder als des grundlegenden Mittels zum Wissenserwerb des Menschen folgt« (Muhammad Hamidullah). Gott habe den Menschen durch die Feder, durch das Schreibrohr »gelehrt, was er zuvor nicht wusste«, heißt es in Sure 96, Vers 5.

Was folgte später? »Die Studiengebiete griechischen und indischen Ursprungs wurden von den gottesfürchtigen Gruppen bald schon als ›fremdländische Wissenschaften‹ abgetan und voller Misstrauen beäugt. Der theologische Schultyp der *Madrasa*, dessen Prototyp (...) die 1065 oder 1067 gegründete (sc. Schule der) *Nizāmīya* war, begann sich nun in der ganzen islamischen Welt zu verbreiten. (...) Ihr Lehrplan beinhaltete vor allem *Ilm al-kalam*, die sogenannte ›Wissenschaft vom Wort‹ oder der ›Beweisführung‹, die dazu dient, den Glauben vor allen wissenschaftlichen und philosophischen Übergriffen zu schützen. Damit setzte die entschlossene Wendung nach innen ein, von der sich die arabische Welt in mehrerlei Hinsicht nie wieder erholen sollte.« (Peter Watson) Es war eine Selbstabschottung aus Überfremdungsangst, die einer islamischen Aufklärung das Licht ausblies.

Zwar sollte einer der klügsten Männer überhaupt, der spanische Jurist und Arzt und Philosoph Averroës, danach unverdrossen versuchen, Aristoteles und Platon mit dem Koran zu synthetisieren und dessen wörtliche Auslegung zugunsten einer im Zweifel metaphorischen Deutung zu relativieren, doch solche Bemühungen blieben das honorige Werk aufrechter Außenseiter. In Parenthese sei angemerkt, dass Oswald Spengler ebenfalls um das Jahr 1000 eine Epochenzäsur ansetzt, mit gänzlich anderer Begründung freilich. Damals hätten der Gedanke an das nahende Weltende, die »Geburt des romanischen Stils (...) in den nordischen Ebenen zwischen Elbe und Tajo«, die Klosterreform Odilos von Cluny und nicht zuletzt das Aufkommen der Polyphonie zusammengewirkt, um die »abendländische Seele« hervorzubringen.

Doch wir müssen einen Schritt zurückgehen, zu Augustinus, dem Kronzeugen gleichermaßen von Mangalwadi wie Winkler. Der deutsche Historiker legte mit seiner vierbändigen »Geschichte des Westens« ein Standardwerk vor, das noch auf Jahrzehnte singulär dastehen dürfte. Winkler rekonstruiert in allen Facetten »das normative Projekt des Westens«, dessen »subversive Kraft« nicht ausgeschöpft sei. Winklers Abendland ist zuzutrauen, dass es sich am eigenen Schopf aus der Misere zieht. Unüberwindlich wird dabei Augustinus sein, der sich 426 mit »De civitate Dei« gegen das Staatskirchentum positionierte, wie es unter Konstantin etabliert worden war. Indem der Heilige das göttliche vom irdischen Reich, die Civitas Dei von der Civitas terrena schied, zog er auch eine scharfe Trennlinie zum einstigen römischen Staatskirchentum ebenso wie zur Kirche des Ostens. Dass es in der Folge immer wieder zu teilweise sehr fragwürdigen Allianzen von Thron und Altar kam, entwertet diesen Einschnitt keineswegs.

Um die Sphären trennen und das irdische Sein ganz in die eigene Verantwortlichkeit entlassen zu können, müssen sie erst einmal definiert, herausgegriffen und abgesondert werden aus dem Raum alles Geschaffenen. Deshalb müssen wir noch einen weiteren Schritt zurückgehen, zur Entstehung des Monotheismus. Durch ihn nämlich kam nicht jene »mosaische Unterscheidung« (Jan Assmann) in die Welt, die notwendigerweise den bösen Keim aller künftigen Kriege um Macht und Wahrheit in sich trug, sondern die mosaische Revolution, kraft derer nun erst das Heilige von einer entheiligten Welt zu scheiden war. Um das 13. vorchristliche Jahrhundert geschah Grundstürzendes. In der »Moseszeit« ereignete sich, so der Historiker Gottfried Schramm, »ein Durchbruch zu etwas wesenhaft Neuem« – vor allem eine »konsequente, in der Religionsgeschichte ganz neuartige Entzauberung der Natur«. Dieser kam keine

Heiligkeit mehr zu, sie war nicht länger Tummelplatz launischer Gottheiten. Wo bisher jede Erscheinung der belebten Welt personal gedeutet wird, wo jedes Windesrauschen ein Husten dieses oder eines anderen Gottes sein konnte, da schuf die jüdische Aufklärung Raum für Individualität und Würde.

In der Welt des griechischen Mythos galt laut dem Philosophen Kurt Hübner: »Der Wurf einer Lanze, das Aufkommen von Sturm und Wind, die Bewegung der Wolken, der Sterne, des Meeres – in all dem äußern sich die Kräfte der Götter. (...) Kein Gott ist für Beliebiges verantwortlich, sondern entsprechend seinem Wesen. Helios bewirkt die Ortbewegung der Sonne, Athene lenkt die Lanze des Achilleus, um den geschichtlichen Auftrag der Achäer zu vollenden; (...) es ist Aphrodite, welche die Menschen in Liebe entbrennen lässt, es ist Hermes, der für Scherz und Schabernack sorgt usf.« Die Erkenntnis der »Andersartigkeit und Unverfügbarkeit des Göttlichen« (Schramm) war der entscheidende aufklärerische Akt, der durch Jahwe in die Welt kam.

Dieser Gott des Bundes war auf Erden nicht dingfest zu machen. Er wanderte mit seinem Volk. Also konnten die Menschen beginnen, ohne Angst und Sorge die Erde zu erforschen. So gesehen, wurde am Sinai auch die Grundlage geschaffen für jede Form von unabhängiger Wissenschaft. Dennoch gehört es heute zum guten Ton, mit dem Anfang dieser »Religion von revolutionär neuer Art« (Schramm) eine große Schuld zu verknüpfen. Der eifernde Gott des Moses habe eine neue Unduldsamkeit in die Welt gebracht.

Dabei, so Hannes Stein in seinem Buch über »Moses und die Offenbarung der Demokratie«, waren Menschenopfer »gerade das Charakteristikum, durch das sich die Hochkulturen auszeichneten. (...) Die Kanaaniter warfen kleine Kinder in ihre Feueröfen, weil das dem Moloch gefiel. Die Ägypter verehrten neben dem Sonnengott die Göttin Hathor, ›die in der Finsternis das Blut der Menschen stampft wie Maische‹. Die Assyrer und Babylonier bauten die ersten Großstädte rund um riesige Schlachtanlagen, in denen fromme Priester den Gestirnen Lob und Preis sangen, bevor sie wohlgestalteten Jünglingen die Kehlen durchschnitten«. Selbst Glaubenskritiker Christopher Hitchens musste zugestehen: »Bevor der Monotheismus aufkam, klebte an den Altären der primitiven Gesellschaften Blut, das auch von Menschen, zum Teil sogar von Kindern stammte.« Jahwe hingegen will nicht, dass Abraham Isaak opfert.

Damit kein Ende der moralischen Unwucht unter polytheistischen Auspizien: Im alten Rom glaubte man bis zu Jesu Zeit, »dass die Aussichten, die Götter gnädig zu stimmen, keineswegs von der Moral des Bittstellers abhängig waren. Worauf es stattdessen ankam, war einzig und allein die vorschriftsmäßige Durchführung der Rituale«. Die Götter, schreibt weiter die Althistorikerin Margaret Lyttleton, galten dementsprechend nicht »als Urheber der Moralgesetze und der Normen sittlichen Verhaltens«. Wie sollten sie auch, waren die Olympier doch untereinander in ebensolche Händel und Zänkereien verstrickt wie die Menschen auf der Erde. Dieses ethische Vakuum wussten die Christen wie zuvor schon die Juden zu füllen. Ebenso eindeutig zogen sie eine Linie zwischen dem, was der Obrigkeit zukommt, und dem, was nur dem einen Gott frommt: Anbetung, Unterwerfung, lebenslange Hingabe. Schlechte Karten hatten plötzlich die schon zu Lebzeiten vergöttlichten römischen Kaiser. Augustus etwa war den Zeitgenossen, wie eine Tempelinschrift aus Kleinasien belegt, »Vater, Gott und Heiland der ganzen Menschheit«.

Was sagt Heinrich August Winkler dazu? »Der jüdische Monotheismus bedeutete also in der Tat einen gewaltigen Schub Richtung Rationalisierung, Zivilisierung und Intellektualisierung.« Polytheistische Mythen hätten keine rationale Antwort zu geben vermocht auf »die Frage nach dem Schöpfer der Welt und dem Verhältnis des Menschen zu ihm«. Eine Konsequenz dieses Quantensprungs war die zumindest theoretische Gleichheit aller Menschen, die sich eben alle in gleicher Lage vor dem einen Gott wiederfanden. Vor dem Gesetz sollten und wollten sie darum auch sich gleich behandelt wissen.

Heinrich August Winkler dürfte Mangalwadis kryptisch anmutende Formulierung verstehen: »Das wahre Geheimnis der Freiheit und Kraft des Westens (...) kam aus genau jener Bundeslade.« Die Truhe des Mose, die als Weisung und Wegzehrung für die Wüstenwanderung des Volkes Israel den Dekalog enthielt, enthalten haben soll, taugt als Gründungsmonument der später westlich genannten Gedankenformation. Sie symbolisiert die neue Fühlung des einen beweglichen Gottes mit seinem Volk und dessen Verantwortung, in Freiheit sich solcher Anrede würdig zu erweisen, und sie schafft mittels der Zehn Gebote die Möglichkeit des Rechtsstaats durch ein »ewiges, schriftliches und bindendes Gesetz«. Was folgte, war nicht unerheblich. Jesu »Absage an jede Art von Theokratie oder Priesterherrschaft« (Winkler) nebst Legitimation der Gewaltenteilung im klassisch gewordenen Satz zur Steuerfrage: »Gebt dem Kaiser, was des Kaisers ist, und Gott, was Gott ist.« Diese Trennung, bekräftigte Winkler in einem Radiogespräch, »fehlt im Koran, und so ergibt sich dann etwa auch die Auffassung islamischer Rechtsgelehrter, die Menschenrechte dürften allenfalls im Rahmen der Scharia gelten. Aber dann gelten sie im Zweifelsfall eben nicht«. Mangalwadi aber ist es, der auf ein frühes Beispiel von Gewaltenteilung innerhalb der Geschichte des Monotheismus, jedoch zu vorchristlicher Zeit hinweist. Saul wurde zum König der Israeliten berufen und zur »politischen Autorität, die von der religiösen Autorität unabhängig war«. Samuels, nicht Sauls Aufgabe war das Prophetenamt, und er »wehrte jedem Missbrauch politischer Macht«.

Das frühe Christentum als »religiöser Schmelztiegel« (Winkler) amalgamierte sich das Naturrecht, wie bei Cicero zu sehen war, aus der Stoa, und nahm das griechische und römische Rechtsdenken auf, das sich durch die Trennung von geistlicher und weltlicher Gewalt auf Jesu Spuren weiterentwickelte zu »zwei unterschiedlichen Rechtssystemen, dem um 1140 im Decretum Gratiani zusammengefassten kanonischen oder Kirchenrecht« und dem »neuen weltlichen Recht, das auf der Rezeption des gegen 1080 wiederendeckten Corpus Juris beruhte«. Dazwischen lag die ominöse Jahrtausendgrenze, danach kam der laut Winkler in den Folgen kaum zu überschätzende Investiturstreit zwischen Papst und Kaiser, denn »wäre eine der beiden Seiten als Sieger aus dem fast fünfzig Jahre währenden Streit hervorgegangen, die europäische Geschichte hätte einen anderen Verlauf genommen. Aus einem vollständigen Sieg des Papsttums konnte nur eine Theokratie, aus einem Sieg des Königtums nur ein Staatskirchentum byzantinischer oder anderer Prägung erwachsen. Der historische Kompromiss aber, mit dem der Konflikt endete, setzte die Kräfte frei, die Europa und den Westen dauerhaft prägen sollten.« Ein großer Beweis für deren Tragfähigkeit war die epochale englische Magna Charta von 1215. Durch sie setzte die Teilung der Gewalten sich fort in jene »von fürstlicher und ständischer Gewalt, wobei die letztere in der Folgezeit von Adel, Geistlichkeit und städtischem Bürgertum ausgeübt wurde«.

Auf die Grenzmarken der Jahre 0 und 1000 folgt auch bei Winkler die Phase um 1500, wofür neben der Magie runder Zahlen, die von Zeitgenossen in der Regel stärker empfunden wird als von Nachgeborenen, die tatsächliche Ausdifferenzierung der Erzählung vom Menschen spricht. Ein knappes halbes Jahrhundert, nachdem das Morgenländische Schisma von 1054 die religiöse Spaltung Europas in eine Kirche des Westens und eine des Ostens vollendet hatte, sorgten die Entdeckungen neuer innerer und äußerer Welten und sogar einer buchstäblich Neuen Welt jenseits des Ozeans für den Aufbruch eines noch weitgehend mit Europa identischen Westens in eine globale Ära. Winkler greift aus diesem Anlass zur Fanfare: »Nur im Westen« habe sich das für jedwede Innovation unerlässliche »Klima des bohrenden Fragens« entwickelt, »nur im Westen war durch die Trennung erst von geistlicher und weltlicher, dann von fürstlicher und ständischer Gewalt der Grund gelegt worden für das, was wir Pluralismus und Zivilgesellschaft nennen. Nur im Westen gab es den Rationalisierungsschub, der von der Rezeption des römischen Rechts ausging. Nur im Westen entstand ein städtisches Bürgertum, das wagemutige Kaufleute und Unternehmer in großer Zahl hervorbrachte. Nur im Westen konnte sich der Geist des Individualismus entfalten, der eine Bedingung allen weiteren Fortschritts war«.

Von Demokratie war bisher kaum die Rede. Letztlich läuft auf sie alles Bemühen zu, dem Pluralismus eine Ordnung zu geben. Damit ist nicht gesagt, dass in vordemokratischen Gesellschaften die pure Intoleranz herrschte oder dass in Demokratien Toleranz unbedingt gesichert sei. Es gibt repressive Toleranz und institutionalisierte Scheintoleranz gerade unter demokratischen Vorzeichen, und es gab aufgeklärte Monarchen, die den Untertanen innerhalb gewisser Grenzen das Recht zugestanden, nach ihrer Façon selig zu werden. Wohl aber führen alle Wege der Partizipation zur Demokratie, hat ein Volk aus einander prinzipiell ebenbürtigen Menschen doch das Recht auf Souveränität, und diese Wege hatten ihre beiden größten Pforten im Westen des 18. Jahrhunderts. Philippe Nemos vierten Baustein der abendländischen Zivilisation neben griechischer Polis, römischem Recht und biblischer Eschatologie bilden die »großen demokratischen Revolutionen« von 1776 und 1789, die wiederum Winkler »die beiden atlantischen Revolutionen« nennt, mit denen das »normative Projekt des Westens« begonnen habe. Ergänzen ließen sich diese

Weltereignisse durch den »britischen Glauben an die Kraft gradueller Veränderung, was die Harvard-Historikerin Maya Jasanoff den ›Geist von 1783‹ nennt (...). 1783, nach dem Ende des Amerikanischen Unabhängigkeitskrieges, begann in Großbritannien und im restlichen Britischen Weltreich ein Zeitalter gradueller Reformen, die weltgeschichtlich genauso wirkungsmächtig wie die Amerikanische und die Französische Revolution waren.« Darauf weist in Abgrenzung von Winkler der Historiker Thomas Weber bei cicero.de hin.

Auf jeden Fall in Nordamerika erfuhr das westliche Prinzip seine entscheidende Beschleunigung, als sich die britischen Kolonien wider ihre fehlende politische Vertretung im Mutterland unter dem Motto *No taxation without representation* empörten. Zurückschlagend von dort in das absolutistische Frankreich, hatte der protopolitische Gedanke die praktische Folge, dass der Mensch als Bürger wie als Gottesebenbild selbst über die Art seiner Vergemeinschaftung und die Modi seiner Mitbestimmung entscheiden dürfen muss. Natürlich gab es demokratische Phasen in der Antike, die attische Demokratie etwa unter Perikles, doch es blieben Episoden. Die Machtfülle der jeweils Herrschenden konnte gegen das partizipatorische System ausschlagen. »Man nahm sie als die Schutzbefohlenen Fortunas wahr, man erhob sie zu Helden, und schließlich, unausweichlich, zu Göttern.« (Nemo) Cicero erkannte in der Spätphase der Republik die Gefahr einer allzeit intrigenbereiten Machtvollkommenheit eigenen Rechts, namentlich bei Antonius. Der Mord, die Niedertracht, das schlimme Ende Ciceros sind bekannt.

Die *Virginia Declaration of Rights* vom 12. Juni 1776 bekennt sich im ersten Artikel zu ihrem naturrechtlichen Fundament: »Alle Menschen sind von Natur aus in gleicher Weise frei und unabhängig und besitzen gewisse angeborene Rechte, welche sie ihrer Nachkommenschaft durch keinen Vertrag rauben oder entziehen können, wenn sie eine staatliche Verbindung eingehen, und zwar das Recht auf Leben und Freiheit, die Mittel zum Erwerb und Besitz von Eigentum und das Erstreben und Erlangen von Glück und Sicherheit.« Cicero hätte es mit Freude gehört, John Locke stand Pate, Benedikt XVI. könnte applaudieren. Die Natur ist und bleibt es, die faktisch aus der Gattung der Menschen ein geschwisterliches Geschlecht macht. Wer immer dieses naturrechtlich verstärkte Band der Sympathie durchtrennt, mit Machete, Kalaschnikow oder Hass, der, um Mozarts »Zauberflöte« einmal gegen deren Intention aufzugreifen, »der verdienet nicht, ein Mensch zu sein«.

Diese *Declaration* war also »die erste Menschenrechtserklärung der Geschichte« (Winkler), die auch Volkssouveränität und Religionsfreiheit festschrieb. Im darauffolgenden Monat hob die Unabhängigkeitserklärung der Vereinigten Staaten von Amerika diese Prinzipien auf eine neue gesamtstaatliche Ebene. Die amerikanische Revolution war da, die französische sollte ihr 13 Jahre später nacheifern. Auch sie proklamierte mit den Menschenrechten, so weiterhin Winkler, »säkularisierte christliche Werte«, die indes programmatisch keinen spezifisch christlichen oder gar theokratischen Staat konstituierten. Jeder Mensch soll frei nach Glück und Sicherheit streben dürfen. Der erste Artikel gibt abermals das Motiv vor. Die Menschen seien

»von Geburt an frei und gleich an Rechten«. Diese Einsicht bewahrte die Revolutionäre leider nicht davor, von 1792 an auf einen modernen Nationalismus einzuschwenken, Frankreichs Mission darin zu sehen, die Welt von Tyrannen zu säubern, koste es, was es wolle, und Adlige wie Katholiken in weitgehende Rechtlosigkeit zu setzen. Robespierre ritt die republikanischen Hoffnungen gerade so zuschanden, wie es in der späten römischen Republik Antonius und Octavian getan hatten.

Im Wechselspiel zwischen Europa und Nordamerika entstand also am Ende des 18. Jahrhunderts das bis heute gültige westliche Prinzip von Gewaltenteilung, Rechtsstaatlichkeit, Demokratie. Viele Jahrhunderte hatten es vorbereitet, inner- und außerhalb Europas und kurzfristig auch mit Beiträgen aus dem Einflussbereich des Islam. »Nicht die Römer der Antike oder des Mittelalters waren die großen Übersetzer, sondern die Araber. (...) Sie haben die griechische Hinterlassenschaft dem Abendland in allen Bereichen überliefert. In der Medizin, in Mathematik und Philosophie bis zu einem solchen Grad, dass das Abendland bei der arabischen Welt auf allen Gebieten in tiefer Schuld steht.« (Rémi Brague)

Die Latenz des Westens lässt sich zurückverfolgen bis an den Anfang des Monotheismus, als der Götterhimmel sich leerte und die Erde sich entheiligte. Stets waren es Kräfte der Kritik, nicht der Affirmation, des Fragens, nicht des Fraglosen, die ihn formten. Der Westen ist der Raum derer, die die athenische Frage nach dem Guten, die römische Frage nach dem Gerechten und die Jerusalemer, die jesuanische Frage nach dem Wahren für fragenswert halten, gestern, heute, morgen. Für alle seine Bewohner verbindliche Antworten wird der Westen, diese Gedankenformation mit offenen Rändern, nicht liefern können, aber die feste Zusage, sich das Fragen nicht austreiben, die Neugier nicht abkaufen, die Freiheiten nicht abtöten zu lassen.

Wie wird es ihm im 21. Jahrhundert ergehen, dem heute verunsicherten, in sich gekrümmten, äußerlich angegriffenen und innerlich ausgehöhlten westlichen Prinzip? Darüber streiten, virtuell zumindest, Hans Magnus Enzensberger und Heinrich August Winkler. Dessen Antwort dürfte nach dem bisher Gehörten nicht überraschen. Der Historiker glaubt fest an die ungebrochene »subversive Kraft der Ideen von 1776 und 1789«. Der normative Prozess, zu dem sich das normative Projekt nicht zuletzt aufgrund fortwährender Selbstkritik entwickelt habe, sei nicht an sein Ende gekommen, solange die Menschenrechte »nicht weltweit umfassend verwirklicht sind. (...) Der Westen gäbe sich selbst auf, wenn er sich mit diesem Zustand abfinden würde«. Demnach ist der Westen ein universales Unterfangen. Seine Mission muss es sein, auf friedlichem Weg den Menschenrechten, die eben keine Rechte nur des westlichen Menschen sind, global Geltung zu verschaffen.

Der Schriftsteller Enzensberger hingegen wittert Triumphalismus ohne Grund. In seinem Essay »Aussichten auf den Bürgerkrieg« von 1993 nimmt Enzensberger ebenfalls Maß an den Deklarationen von 1776 und 1789 und kritisiert die spezifisch westliche »Rhetorik des Universalismus«: »Der Universalismus kennt keine Differenz von

Nähe und Ferne; er ist unbedingt und abstrakt. Die Idee der Menschenrechte erlegt jedermann eine Verpflichtung auf, die prinzipiell grenzenlos ist. Darin zeigt sich ihr theologischer Kern, der alle Säkularisierungen überstanden hat. Jeder soll für alle verantwortlich sein. (...) Da aber alle unsere Handlungsmöglichkeiten endlich sind, öffnet sich die Schere zwischen Anspruch und Wirklichkeit immer weiter. Bald ist die Grenze zur objektiven Heuchelei überschritten; dann erweist sich der Universalismus als moralische Falle.« Enzensberger rät zu Bescheidung und Pragmatismus. Statt die ganze Welt mit dem Konzept westlicher Menschenrechte beglücken zu wollen und zu deren Durchsetzung widrigenfalls Interventionen in Kauf zu nehmen, müsse es »Abstufungen der Verantwortung« geben, und zwar durchaus nach Kriterien von Nähe und Ferne, »überall brennt es vor der eigenen Haustür«.

Enzensbergers Aufruf, »sich von moralischen Allmachtsphantasien zu verabschieden«, steht quer zur Hoffnung des Westens, seine Prinzipien gerieten schlichtweg allen Menschen zum Besten. Der Westen muss, da hat Winkler Recht, von dieser Überzeugung getragen sein, sonst ist er deren Anwalt auch nicht mehr im eigenen Haus. Und diese Selbstaustreibung ist weit fortgeschritten. Der Westen exorziert gerade die westlichen Werte, er schrumpft sich selbst retour vom Prinzip zur Region. In diesem Sinne gilt wiederum, was Enzensberger außenpolitisch verstanden wissen wollte: »Hic Rhodus, hic salta! First things first.«

9 SCHERE IM KOPF, MESSER AM HALS: WIE DER WESTEN SICH ABSCHAFFT, DIE FREIHEIT ZENSIERT UND DABEI TROTZDEM SCHRECKLICH GUTER LAUNE IST

Berlin ist eine tolerante Stadt. Hier schaut keiner schräg, wenn Männer händchenhaltend durch die Straßen ziehen oder ein Ganzkörpertattoo die Brötchen über die Theke reicht oder die rumänische Kleincombo im rappelvollen U-Bahn-Wagen die Saiten malträtiert. Hier zuckt keine Augenbraue auf dem Standesamt, wenn Eltern ihre Kinder partout Imperial-Purity oder Chayenne oder Peaches oder Dee-Jay nennen wollen – oder Dschihad. Nun gut, ein wenig Überzeugungsarbeit musste Reda Seyam doch leisten, damals, im Sommer 2009, aber schließlich setzte er sich durch. Das Berliner Kammergericht sandte einen bockigen Standesbeamten sanft, doch bestimmend auf den rechten Weg. Der neue Erdenspross, Papas ganzer Stolz, wurde ein echter kleiner Dschihad. Sein Vater, ein gebürtiger Ägypter, machte prompt Karriere, wenngleich außerhalb von Berlin. Vier Jahre nach dem Namenssieg vor Gericht verließ Dschihads Papa Deutschland Richtung Syrien. Der Ortswechsel zahlte sich aus. Reda Seyam wurde – was immer das heißen mag – Bildungsminister eines Staates, mit dem die Bundesrepublik bisher keine diplomatischen Beziehungen unterhält, des »Islamischen Staates«. Er nennt sich »Du-l-Qarnain«, »der zwei Völker Beherrschende«. Sure 18 weiß Bescheid.

Vom Karrieresprung des Mannes, der zuvor auf dem Potsdamer Platz in sachgerechter Kleidung – Pluderhose,

Vollbart, Häkelmütze – gekniet, gebetet und den Koran verschenkt hatte, kündet ein im März 2015 bekannt gewordenes Video aus Syrien. Darin erklärt Reda Seyam einigen Männern, Lehrern vermutlich, Lehrinhalte, die auf Unglauben deuteten, müssten aus dem Curriculum entfernt werden; auch sollten sie dem führenden Kopf des »Islamischen Staates«, Abu Bakr al-Baghdadi, Treue schwören. Nach den Erfahrungen mit einem Staat, der nichts dagegen einzuwenden hat, dass man ihm den »Heiligen Krieg« auf dem Standesamt erklärt, wird sich Seyam in seinem terroristischen Ehrgeiz wider den Westen bestätigt fühlen, dieses gar zu weiche Ziel.

Generell ist es erstaunlich, wie viel Toleranz die westliche Zivilisation ihren erklärten Feinden entgegenbringt – sei es in vorauseilender Selbstzensur, sei es im ostentativen Desinteresse. Israel kann von derlei Bestandsschutz oft nur träumen. Insofern ist es weniger grotesk denn symptomatisch, was Ami Horowitz widerfuhr. Der Filmemacher stellte sich Ende 2014 mit zwei Flaggen in Berkeley auf den Campus der University of California. Die erste Flagge zeigte das Emblem des »Islamischen Staates«. Er schwenkte sie munter hin und her und rief dazu, »wir sind der IS, wir sind die Liebe, wir wollen nur Frieden«, »am Elend in Syrien ist der amerikanische Imperialismus schuld«, »Amerika tötet unschuldige Zivilisten«, »wir wollen nur einen eigenen Staat«. Mit solchen Botschaften eroberte er das Herz mancher Studenten. Sympathie schlug ihm entgegen, der eine und der andere Daumen reckte sich nach oben.

Dann wechselte er die Flaggen und wurde vom Good guy zum Bad guy, zum Paria. Die zweite Flagge zeigte den

Davidstern und war in Weiß und Blau gehalten. Und Israel ist im Gegensatz zu den massenmordenden Kopfabschneidern des »Islamischen Staates« böse: Wie anders ist es zu erklären, dass Horowitz nun ein »Fuck you!« erntete und ein »Alle Israelis sind Mörder!« und erhobene Mittelfinger und andere Schmähungen? Die Mischung aus Ignoranz und Zynismus ist explosiv – und in Deutschland nicht wesentlich anders. In Saarbrücken wehte im Juli 2014 die Flagge des »Islamischen Staates« vom Balkon eines Wohnhauses in der Innenstadt herab, die Staatsanwaltschaft erklärte, ihr seien die Hände gebunden, der »Islamische Staat« sei in Deutschland nicht verboten. Mit den Farben Israels hingegen wird kurzer Prozess gemacht, auch ohne diffizile Einzelfallprüfung. Am 26. April 2015 wurde eine Israel-Flagge auf Anweisung des zuständigen »Polizeiführers« aus dem Innenraum des Stadions von Union Berlin beim Heimspiel gegen den FC Ingolstadt entfernt. Beim oberbayrischen Gast stand mit Almog Cohen ein Profi aus Israel unter Vertrag. Die Flagge galt als politisches Statement und damit intolerabel. Tags darauf entschuldigte sich der Polizeipräsident.

Der Westen dankt ab, wo immer er die Symbole seiner Genese entsorgt. Wie bunt und durchmischt er heute sein mag: Er ist es, weil in griechischer und römischer Antike, weil im erst jüdischen, dann christlichen Monotheismus die Menschheit jenen Geschmack für die Verschiedenheit entwickelte, ohne die heute Toleranz kein flächendeckendes Phänomen sein könnte. Er wird nicht mehr sein, wo er sein Gedächtnis verwirft. Ein Anschlag auf das eigene freiheitliche Erbe ist es, Israel aus einem Atlas für den Nahen und

Mittleren Osten zu streichen, in Sorge um die Erregbarkeit der dortigen Kinder und Eltern. So geschehen durch den Verlag HarperCollins aus New York, wo, dem Vernehmen nach, eine Freiheitsstatue stehen soll. »Lokale Präferenzen« hätten der kartografischen Wahrheit entgegengestanden, rechtfertigte sich der Verlag; einstampfen ließ er die Auflage dann doch, einen Versuch schien es wert.

Ein Anschlag auf das eigene freiheitliche Erbe ist es fernerhin, wenn der spanische Fußballclub Real Madrid, um den wirtschaftlichen Erfolg im islamischen Kulturkreis und die millionenschwere Zusammenarbeit mit der staatlichen »International Petroleum Investment Company« der Vereinigten Arabischen Emirate und der »National Bank« des Emirats Abu Dhabi nicht zu gefährden, aus der Export-Variante seines Vereinswappens das klitzekleine Kreuz an der Spitze der königlichen Krone löscht. Zudem, wie stets bei solchen Demutsgesten, unterstellt es dem Vis-a-vis maximale Empfindlichkeit bei minimaler Herzensbildung. Kaum klüger handelte jene englische Versicherung, die im Februar 2015 einer Vikarin nahelegte, die beiden Aufkleber »Christ must be saviour« und »Christ for me« von ihrem Auto zu entfernen, als »unzulässige Modifikation«, die den Schutz beeinträchtige. Gegen rabiate Jesusgegner ist offenbar kein Versicherungsschein gewachsen.

Gottlob nur ein Aprilscherz in der Fastenzeit desselben Jahres war hingegen die Bild gewordene Botschaft einer Münchner Werbeagentur, dem »Münchner Kindl«, dem ranken Mönch aus dem Stadtwappen, einen zusätzlichen Halbmond zu spendieren, von Schulterblatt zu Schulterblatt. »Open Kindl« wurde der multikulturalisierte Mönch gerufen, der die Plakatwände eroberte, aber nicht in die offizielle Ikonografie übernommen wurde. Zuvor, im großen französischen Krippenstreit, durften dieselben Kräfte jubeln, die in Deutschland die Winter- den Weihnachtsmärkten vorziehen und die im niederbayrischen Essenbach erreichten, dass der neue Kinderhort programmatisch nicht »St. Josef« heißen dürfe, da eine solche Namensgebung »heute nicht mehr zeitgemäß« sei. Dem Bethlehemer Säugling und Josefskind wurde derweil in Nantes ein zweites Mal die Tür gewiesen; ein Gericht verbot dem Generalrat der Vendée, in seinen Räumen die hölzerne Bettstatt aufzustellen. So viel Laizität müsse sein. Seltsam nur, dass der Friedensfürst mehr Anstoß erregt als der morgenländische Feldherr. Diesem werden Widerstände aus dem Weg geräumt, jenem sie bereitet. Der Film »L'Apôtre« (»Der Apostel«) einer katholischen Regisseurin wurde, wie es berückend klar hieß, »aus Sicherheitsgründen« Ende Januar 2015 aus den Kinos genommen, in denen »Qu'Allah bénisse la France« (»Allah schütze Frankreich«) verbleiben durfte. Der Grund? Im einen Fall wird eine Konversion vom Islam zum Christentum, im anderen eine Bekehrung zum Islam geschildert. Wer die Religionsfreiheit nicht ganz so hoch hängt, profitiert am meisten von ihr.

Frankreich nach dem »Charlie Hebdo«-Schock war überraschend schnell bereit, die teuer erkämpften Bastionen des Herkommens zu räumen, die zu verteidigen es vorgab. Wie schon beim Anschlag auf die Satirezeitschrift wurde die Kunst zu Gradmesser und Exerzierfeld der Freiheit. Gebetsteppiche, auf denen High Heels stehen? Undenkbar plötzlich, eine solche Kombination könnte ja jene provozieren, für die solche Teppiche nur dem Gebet dienen und auf keinen Fall mit einer erotischen Konnotation aufgeladen werden dürfen. Die Installation der Künstlerin Zoulikha Bouabdellah in einem Museum nahe Paris musste der neu entdeckten interreligiösen Sensibilität weichen, profaner: der Angst vor Allahs zornigen Söhnen.

Schon im Oktober 2012 war in vergleichbarer Motivlage der Film »Sleep« des marokkanischen Künstlers Mounir Fatmi kurzfristig aus dem Programm der Pariser Ausstellung »25 Jahre arabische Kreativität« genommen worden – wodurch der Ausstellungstitel bitter falsifiziert wurde. Derselbe Film war im Februar 2015 französischen Muslimen erst recht nicht zuzumuten. Diesmal knickte das Kunstzentrum »Villa Tamaris« ein, wo »Sleep« hätte gezeigt werden sollen. Welcher Blasphemie hat Fatmi sich schuldig gemacht? Sein Film zeigt den schlafenden Schriftsteller Salman Rushdie, ein eher meditatives Sujet. Rushdie aber ist seit der Fatwa Ajatollah Khomeinis wider ihn in muslimischen Kreisen eine Persona non grata, mindestens. Fatmi erkannte die Zusammenhänge hinter der Zensur: »Ich habe Marokko 1999 verlassen, weil es dort keine Meinungsfreiheit gab. Ich wusste, dass der Kampf nicht leicht sein würde und noch nichts gewonnen ist. Nie aber hätte ich gedacht, dass eines Tages in Paris Menschen wegen einer Karikatur ermordet oder Regisseure zensiert werden, um Kontroversen aus dem Weg zu gehen.«

Nicht minder enttäuscht war der Dramatiker Neil LaBute, nachdem die New Yorker Uraufführung seines Ein-

Personen-Stückes «Mohammed Gets a Boner« (»Mohammed bekommt einen Steifen«) Mitte Mai 2015 abgesagt worden war. Der Grund klingt bekannt: Das Stück sei eine «klare Beleidigung der Muslime« – sagt der Geschäftsführer des vom Erzbistum New York mitfinanzierten «Sheen Center for Thought and Culture«, William Spencer Reilly. Derlei vorauslaufenden Gehorsam kommentiert das amerikanische PEN-Zentrum mit den wahren Worten, es handele sich um einen «Sieg für die Zensoren«. Zumal «Mohammed...«, dessen Titelfigur laut LaBute gar nicht der Prophet der Muslime ist, im Rahmen eines Themenabends gegen Zensur gespielt werden sollte: Bitterer lässt sich der prekäre Status der Toleranz nicht illustrieren.

Auch in Deutschland werden die Spielräume enger. Nach einigem Hin und Her konnten die wunderbar pfiffigen Karikaturen von Greser & Lenz, die sich in wenigen Fällen mit hiesigen Erscheinungsformen des Islam beschäftigen, doch noch Ende Januar 2015 in Hanau ausgestellt werden. Eine Absage war bereits ausgesprochen worden. Von Übergriffen oder Protesten hernach ist nichts bekannt. Weniger Glück hatte die »Hamburger Morgenpost«, auf deren Redaktionsräume ebenfalls im Januar ein glimpflich verlaufender Brandanschlag verübt wurde, nachdem die Zeitung Karikaturen von »Charlie Hebdo« mit der Zeile »So viel Freiheit muss sein« abgedruckt hatte. Von den fünf tatverdächtigen jungen Männern im Alter zwischen 16 und 21 Jahren waren einige bereits an der Koranverteilungskampagne »Lies!« beteiligt – diesen Hinweis findet, wer sich Mühe gibt, dann doch, obwohl selbstzensurierende Medien den Ehrgeiz haben, das Offensichtliche zu beschweigen, das aller Wahrscheinlichkeit nach islamistische Tatmotiv.

Solche Rätsel gab jene muslimische Studentin nicht auf, die bereits 2013 Anstoß nahm an der Graphic Novel »Blutspuren« der israelischen Künstlerin Rutu Modan, welche in eine Ausstellung in der Universitätsbibliothek Essen aufgenommen worden war. Auf einer Collage mit Szenen aus dem Comic entdeckte die Studentin eine arabische Schriftzeile und las »Nieder mit Allah«. Sie schritt zur Tat und schnitt die entsprechende Stelle aus. Das Oberlandesgericht Hamm bestätigte im März 2015: Das war nicht rechtens, 400 Euro Geldstrafe sind angemessen. »Blutspuren« ist die Geschichte einer Liebesbeziehung vor dem Hintergrund palästinensischer Selbstmordattentate.

Zur Schere im Kopf griff, sehr vorübergehend, drei Tage nach dem »Charlie Hebdo«-Massaker der Zeichner Ralf König. Er nahm eine Karikatur von seiner »Facebook«-Seite und machte sein inneres Ringen bewegend transparent. Er sei »nicht stolz« auf diesen Schritt, aber nun »seit 2 Tagen wie gelähmt. (...) Das mich letztlich überzeugende Argument war, dass da draußen inzwischen jede Menge vereinzelte kranke Irre rumlaufen, die sich in irgendwelchen Wüsten zu hirnlosen Zombies ausbilden lassen, zurückkehren und nun auch mal so was Tolles hinlegen wollen wie diese Mörder von Paris und anderswo«. Auf seiner Homepage aber ist der fragliche Cartoon, wenn auch etwas versteckt, bis heute zu sehen. Drei Menschen des Westens, zwei Männer, eine Frau, allesamt mit dicken Hintern, liegen mit der Nase auf der Erde vor einem grimmig blickenden

Vollbartträger auf seinem Gebetskissen und sagen: »Als Vertreter westlicher Werte und Toleranz entschuldigen wie uns vielmals für unsere Presse- und Meinungsfreiheit.« Der Grimmige erwidert: »Und euer Sinn für Humor?! Wer entschuldigt sich für euren Sinn für Humor?!!«

Fassungslos rief Tahar Ben Jelloun nach den Anschlägen: »So viel vergossenes Blut im Kampf gegen den Humor! Allerdings mag keine Religion Humor und Lachen.« Da hat Ben Jelloun die Rechnung aber ohne Buddha gemacht, dessen Lachen größer noch gewesen sein muss als sein Bauchumfang, und ohne den fast ebenso wohlgenährten Gilbert Keith Chesterton, der in der Nachfolge des Franziskus von Assisi und seiner »Gottesgaukler« wusste: »Eine gute Religion erkennt man daran, dass man über sie Witze machen kann.« Humoristen und Künstler spüren sofort, wenn sich die religiöse Großwetterlage ändert. Ihnen zuerst wird der Boden unter den Füßen entzogen. In den Abgrund, der dadurch entsteht, fallen die verbliebenen Freiheitsreste wie von selbst.

Direkt über der Karikatur mit dem Kotau der Westler prangt auf Ralf Königs Homepage der zeichnerische Eindruck einer Pariser Modenschau. Drei vollverschleierte Wesen, Frauen vermutlich, in Schwarz und Dunkelgrau und Signalblau, bewegen sich über einen roten Steg. König setzte darunter: »In der kommenden Modesaison präsentieren sich Meinungsvielfalt, Pressefreiheit und Sinn für Satire in vorbildlich tolerantem Outfit.« Scharf, sehr scharf hat der Zeichner erkannt, welche Verkehrung in ihr Gegenteil die Toleranz unter radikalislamischem Trommelfeuer erfährt und wie leicht der Westen zu willigen Helfern wurde, zu

Leichenrednern in eigener Sache. Toleranz ist dann selbst ein Schleier, der verbirgt und verrät, wofür einzutreten ihm aufgetragen war, als seine Anwälte noch Locke und Voltaire hießen: die Freiheit der abweichenden Meinung und des anderen Bekenntnisses, nicht deren Alleinherrschaft. Vom Siegeszeichen der Aufklärung zur Kapitulationsurkunde des Westens wurde der hehre Begriff. Am Ende dieser Entwicklung stünde die Toleranzbehörde, auf der der bundesdeutsche Großmufti über die Schariakompatibilität allen Meinens und Sagens wacht.

Ein solches Szenario ist natürlich heillos überspitzt. Die Burka wird auf absehbare Zeit zum Kleidungsstil nur einer kleinen Minderheit der Musliminnen weltweit gehören. Doch es gibt auch Verhüllungen ganz ohne Stoff, die »verschleierte Moderne« (Rachid Boutayed) ist unterwegs. Und es gibt eine vollauf akzeptierte Form der Teilverschleierung, das Kopftuch. Wie verhält es sich damit? War, wie es weithin zu lesen stand, das Mitte März 2015 bekannt gewordene Urteil des Karlsruher Bundesverfassungsgerichts gegen ein Totalverbot des islamischen Kopftuchs für Lehrerinnen an öffentlichen Schulen ein Meilenstein der Integration, ein Triumph der Toleranz – oder zweimal das Gegenteil? Der Vorsitzende des Islamrats für die Bundesrepublik Deutschland, Ali Kizilkaya, gab zu Protokoll, eine Lehrerin mit Kopftuch sei »ein positives Rollenmodell für muslimische Mädchen«. Es gebe in Deutschland »Hunderte von muslimischen Frauen«, die bisher nur durch das Kopftuchverbot davon abgehalten worden seien, ein Lehramtsstudium zu beginnen. »Mehr Kopftuch wagen« war ein Zeitungskommentar überschrieben, ein anderer wünschte sich nun auch

»ein paar Polizistinnen mit Kopftuch«. Es handele sich um »ein kleines Bekenntnis«, sei nicht aggressiv, bedrohe niemanden, das Stück Stoff. Mehrheitlich schlossen sich die Bundesbürger dieser Sicht an. Eine Umfrage ergab eine Zustimmung von 53, eine Ablehnung von 37 Prozent.

Natürlich muss jeder Frau und jedem Mann es freigestellt sein, zu welchem Tuch in welcher Form und welcher Farbe sie oder er des Morgens greift, vor dem Verlassen des Hauses, und natürlich hat der Islam dasselbe Recht, sich öffentlich zu zeigen, wie es auch Schintoisten und Tantriker dürfen. Nur totale Nacktheit und völlige Verhüllung, Nudismus und Burkaismus, sollten sich in einer freiheitlichen Zivilgesellschaft verbieten. Die Schule aber ist ein sehr spezieller Raum und das muslimische Kopftuch eben doch ein sehr besonderer Stoff.

In der Begründung zeigen sich die Bundesverfassungsrichter als elaborierte Zeitgeistkohorte, der es um Gegenwartstauglichkeit zu tun ist. Traditionen und Mentalitäten, sagten sie, vermögen nichts vor der amoralischen Äquidistanz der Justiz zu allen Erscheinungen der Realität. Das Gericht zeigte sich einmal mehr als der große Schnitter, der es bis zu einem gewissen Punkt sein muss. Die Gleichbehandlung gleicher Phänomene ist ihm oberstes Prinzip. Privilegieren darf der Staat keine Weltanschauung vor der anderen, weil den Karlsruhern eine Weltanschauungsallergie in die Gene geschrieben ist – wodurch sie jedoch in diesem Fall eine Weltanschauung zementieren: die ebenso koranfreundliche wie unislamische Ideologie von der Gleichwertigkeit aller Religionen.

Das Mehrheitsvotum mit sechs zu zwei Stimmen verkennt die unterschiedliche kulturelle wie politische Prägekraft religiöser Selbstbehauptung, die über den Einzelfall hinausgeht. Der fast mokante Tonfall, mit dem die Richter und Richterinnen »christlich-abendländische Kulturwerte und Traditionen« aus dem Raum des rechtlich Relevanten verweisen, ist bemerkenswert. Dabei könnten sie wissen, die acht Damen und Herren, dass ohne diese Werte und Traditionen eine freie Rechtsprechung und ein unabhängiger Staat nicht entstanden wären, dass es ohne Athen und Jerusalem und Rom kein Karlsruhe gäbe. Dem Islam kann die Leistung einer modernen Rechtsprechung nicht nachgesagt werden. Faktisch und historisch gibt es sehr wohl ein privilegiertes Erbe, ein spezifisches Fundament, das Fundamentalismus verhindert.

Natürlich kann man sich, wie es die Karlsruherinnen und Karlsruher taten, auf den ästhetischen Standpunkt zurückziehen und im Kopftuch ein Accessoire sehen, das »auf ein als verpflichtend verstandenes religiöses Gebot zurückzuführen ist«. Davon abgesehen, dass das Kopftuch »nie ein Symbol des normalen, gläubigen Menschen oder einer gläubigen Frau« (Lale Akgün) war – welches religiöse Gebot spricht sich auf diese Weise aus? Der Koran sagt in der 33. Sure: Frauen und Töchter sollen »ihre Tücher tief über sich ziehen«, damit sie als Gläubige »erkannt und nicht belästigt werden«. Ein Schutzwall soll das Tuch sein vor den offenbar als lüstern und unbeherrscht geltenden Männern und deren »schlechten Gedanken« (Muhammad Hamidullah): Ist das eine Botschaft, die heranwachsenden Jungen und Mädchen vermittelt werden soll? Dass im Mann eine Bestie schlummert, für deren Zähmung die Frau zuständig ist? Dass vielleicht darin der Grund liegt für die »milde Haltung gegenüber Vergewaltigungen in muslimischen Ländern« (Žižek)? Hier ein »positives Rollenmodell für muslimische Mädchen« zu erblicken, fällt schwer.

Am orthodoxen Kopftuchzwang zeigt sich exemplarisch, was der Islamwissenschaftler Rachid Boutayed die »Verschleierung der Moderne« durch den Islam nennt: »Die Weiblichkeit ist in dieser Sicht Unterwerfung unter den Mann, oder sie ist nicht vorhanden.« Schleier und Tuch hätten den Zweck, »den Körper der Gesellschaft unter Kontrolle zu halten«. Zu befürchten ist leider: Der Karlsruher Versuch, das Bekenntnis zu einem demokratiekompatiblen Islam in verfassungsähnliche Ränge zu heben, wird scheitern. Er wird scheitern auf jener Ebene, der zu gehorchen Karlsruhe vorgab, auf der Ebene der Lebenswirklichkeit. Die Schulen werden mit der Einzelfallprüfung, ob durch das Kopftuch eine hinreichend konkrete »Gefahr für den Schulfrieden« vorliegt, überfordert sein. Bereits die Debatte darüber wird den Schulfrieden brechen. Die wenigen Lehrerinnen mit Kopftuch, die es womöglich geben wird, werden sich aufreiben in innerislamischen Debatten, in die das Karlsruher Urteil sie treibt: Die besonders frommen Knaben werden es ablehnen, von einer Frau unterrichtet zu werden, die mittelfrommen werden sich an den Musliminnen ohne Kopftuch stoßen, die säkularen an denen mit Kopftuch.

Karlsruhe befeuerte durch sein Urteil einen Kulturkampf, dem es wehren wollte. Die staatliche Schule ist als Testlabor für die Demokratietauglichkeit einer Religion minder geeignet, und Kinder dürfen nicht ungefragt Probanden sein. Jeder soll im freien Raum, auf Marktplatz und Agora, jedweden Glauben friedlich ausüben oder bewerben dürfen, jeder und jede, ohne Einschränkung, ohne Bevorzugung. In der Schule aber ist die Gabe der Unterscheidung gefordert, nicht die Kunst des Laissez-faire. Die Richter selbst wiederum, darauf wies Henryk M. Broder hin, schwingen sich im Eifer für das Relative zu absoluten Höhen auf. Ihre Formulierung in der Begründung, »dieses Ideal muss gelebt werden dürfen«, nämlich »Toleranz auch gegenüber anderen Religionen und Weltanschauungen«, zeige, »wie ideologisch aufgeladen die Entscheidung ist. Es ist nicht Aufgabe der Verfassungsrichter, Ideale festzulegen«. Auch der richterliche Vergleich mit dem im Unterricht ebenso zu tolerierenden »Nonnen-Habit« überzeugte Broder nicht, denn es sei »kein Fall bekannt, dass eine junge christliche Frau mit Gewalt in ein Kloster verschleppt worden wäre, um dort Jesus angetraut zu werden. Man sieht auch keine zehnjährigen Mädchen im ›Nonnen-Habit‹ auf den Straßen, aber immer mehr Zehnjährige mit Kopftuch, die gerne bestätigen, dass sie es ›freiwillig‹ tragen.«

In Berlin-Neukölln, wo dergleichen öfter zu beobachten ist als anderswo, stieß das Urteil auf wenig Gegenliebe. Bezirksbürgermeister Horst Buschkowsky von der SPD kritisierte das Karlsruher »Zurückweichen«, diese »Preisgabe eines elementaren Bausteins unserer Gesellschaft«, nämlich der staatlichen Neutralität. Das Kopftuch sei »sozusagen der Eigentumsbeleg eines Mannes«. Nachfolgerin Franziska Giffey, SPD auch sie, berichtete von Neuköllner »Ethnienhierarchien zwischen einzelnen Schülergruppen« und von Konflikten bei der Frage, auf welche Weise Mädchen sich religiös korrekt zu verhalten hätten. Zur Illustration dieses geduldeten Rückfalls in die Vormoderne taugen die Beobachtungen in einer Zeitungsreportage von September 2014. »Drei bärtige Männer mit Pluderhosen« herrschen da in Berlin-Kreuzberg ein Mädchen im Minirock an: »Bedecke deine Beine, oder willst du in der Gosse landen?« Salafisten seien es, und ihr Einsatzgebiet ist nicht auf Berlin beschränkt. Eine Hamburger Schülerin berichtet von ihrer besten Freundin, die das Schwimmbad jetzt meide, um Männern aus dem Weg zu gehen, und von einer anderen, die in den Sommerferien den kurzen Rock gegen den langen Schleier eintauschte. Und in Frankfurt am Main hätten im Mai 2014 rund 20 Männer einen von Muslimen stark frequentierten Jugendtreff der Arbeiterwohlfahrt gestürmt. Eine Sozialarbeiterin musste sich vorhalten lassen, sie sei nicht »züchtig« gekleidet.

Ob damit in Gladbeck nicht mehr zu rechnen sein wird? Seit dem 17. April 2015 ruft dort täglich außer an christlichen Feiertagen der Muezzin zum Gebet. Der Bürgermeister des nordrhein-westfälischen Städtchens sieht darin einen logischen Nachvollzug der demografischen Entwicklung. Fast ein Drittel der Bürger sind Muslime, da sei es »folgerichtig, dass sich die Lebenswirklichkeit in der Religionsausübung abbildet«. Das stimmt und zielt am Kern zugleich vorbei. Natürlich drückt sich die Zusammensetzung einer Gesellschaft auch im öffentlichen Glaubensleben aus. Es gibt dann mehr (oder weniger) Kirchen, Tempel, Synagogen, Moscheen, weniger (oder mehr) Menschen auf den Straßen mit den Insignien ihrer jeweiligen Religion. Ursprung staatlicher Toleranz war religiöse Toleranz, und so hat an keiner Erscheinungsform irgendeiner Religion der Staat etwas zu mäkeln, solange sie Recht und Gesetz achtet.

Der Ruf des Muezzin aber ist keine »Religionsausübung«, sondern ein Herrschaftsanspruch. Er ist das gesungene Glaubensbekenntnis der Muslime – »Allah ist der Allergrößte. Ich bezeuge, dass es keinen Gott außer Allah gibt. Ich bezeuge, dass Muhammad der Gesandte Allahs ist. Kommt her zum Gebet. Kommt her zum Heil. Allah ist der Allergrößte.« – und damit im Unterschied zu den Kirchenglocken weder eine Zeitansage noch eine nonverbale Einladung zum Gottesdienst. Wo der Muezzin erschallt, da ist die Umma. So sagten denn auch völlig zu Recht die Vertreter der siegreichen Moscheegemeinde, nun fühlten sie sich »im fremden Land ein Stück mehr zu Hause«.

Genau so verliefe also die Grenze zwischen Toleranz als Ignoranz und Unterwerfung einerseits und wehrhafter Toleranz andererseits, die ihrem Namen und ihrer Geschichte Ehre macht: Jede Religion darf ihre Bauten bauen und ihre Riten pflegen, darf für sich werben, darf missionieren und untereinander wie miteinander streiten. An staatlichen Schulen müssen Lehrerinnen hinreichend neutral ihrer Klasse gegenübertreten und dürfen sich nicht als Vertreterinnen einer bestimmten, in Zweifelsfällen mit der freiheitlichen Grundordnung des Staates inkompatiblen Schriftauslegung zu erkennen geben. Der Muezzin hat zu schweigen, weil sein besitzanzeigendes Bekenntnis in einem eben nicht der Umma angehörigen Umfeld als Herrschaftsanspruch wahrgenommen wird. Auf den Straßen wiederum darf ebenso der Rosenkranz gebetet werden wie das Gebet zu Allah, im Sitzen, Stehen, Liegen oder Gehen. Jeder Mensch darf tragen, was er will, Kopf, Schleier, Zylinder oder Glatze, doch die Vollverschleierung widerstreitet den Grundbedingungen einer offenen Gesellschaft, die auf Personalität und Zurechenbarkeit basiert, mithin auf der Antlitzfähigkeit des Menschen.

10 DSCHIHAD UNSER: DIE KIRCHEN UND ANDERE VIRTUOSEN DER WESTLICHEN SELBSTZERKNIRSCHUNG

Warum nur ist der Westen immer weniger bereit, sein Proprium energisch zu verteidigen? Angst lässt ihn verstummen, Unkenntnis wegschauen, Meaculpismus aber erst macht ihn zum Verräter seiner selbst. Carlo Strenger spricht von der »Selbstkasteiung des Westens«, Slavoj Žižek von der »Selbstbezichtigung«, Hirsi Ali vom »Westen auf der Anklagebank«, wozu sie eine hübsche Anekdote beisteuert. Sie habe kurz nach den Anschlägen vom 11. September 2001 an einer öffentlichen Diskussion in den Niederlanden zum Thema »Wer braucht einen Voltaire? Der Westen oder der Islam?« teilgenommen. Das zu erwartende Ergebnis: »Fünf der sechs Redebeiträge des Abends liefen darauf hinaus, dass der Westen einen Voltaire brauche – dass also *er* den größten Reformbedarf habe.« Die zu erwartende Begründung: »Er habe einen blinden Fleck, eine lange Geschichte der kolonialen Ausbeutung und des Imperialismus, sei taubstumm gegenüber dem, was sich in der übrigen Welt abspiele, und brauche deshalb einen neuen Voltaire, der ihm die Augen öffne.« Ein Flüchtling aus Iran vertrat die gegenteilige These und wurde ausgebuht. Auch das war zu erwarten. Die westliche Wohlstandselite will sich aus dem Kokon ihrer braven Denkungsart von keinem Ausländer verscheuchen lassen. Die Wahrheit ist natürlich, wie so oft, bei der Minderheit, bei dem Flüchtling und auch bei Ayaan Hirsi Ali, die sich später zu Wort meldete und die erklärt: »Ich bin noch immer überzeugt, dass der Islam einen Voltaire braucht, sehe bei ihm aber auch einen dringenden Bedarf nach einem John Locke.«

Die sündenstolze Larmoyanz der Weltbesserwisser spielt den Feinden des Westens in die Karten. Žižek formuliert als Hauptaussage der »politisch korrekten Selbstbezichtigung des Westens« den Satz, »wenn etwas Schreckliches in der Dritten Welt geschieht, dann muss es auf irgendeine Weise eine Folge des (Neo-)Kolonialismus sein«. Der französische Essayist Pascal Bruckner veröffentlichte 2006 ein ganzes Buch über den »Schuldkomplex« und »Nutzen und Nachteil der Geschichte für Europa«. Im Mai 2014 erinnerte er in einem Aufsatz an ein Treffen der »Organisation für Islamische Zusammenarbeit«, auf dem diese im Herbst 2011 die Länder des Westens aufgefordert habe, die Meinungsfreiheit bei allzu negativer Darstellung des Islam zu begrenzen. Bruckner schrieb weiter: »Es fällt uns schwer, uns das Christentum nicht als eine Religion der Eroberung und der Intoleranz vorzustellen, dabei ist sie heute, zumindest im Nahen Osten und bis Pakistan, eine der Märtyrer. Man kann in Frankreich, dem Land antiklerikaler Tradition, Moses, Jesus und den Papst lächerlich machen, sie in allen, selbst den groteskesten und obszönsten Posen zeigen, aber man darf nicht über den Islam lachen, will man nicht den Zorn eines Volkstribunals auf sich ziehen.« Die Leichtigkeit, mit der »ein Teil der amerikanischen und europäischen Linken« zum Befürworter islamischer Sonderrechte werde, sei einem übersteigerten schlechten Gewissen geschuldet. So gelinge es dem Islam, sich als »Gläubiger der gesamten Menschheit zu präsentieren: Wir sind ihm etwas schuldig für die erlittenen Qualen seit den Kreuzzügen, die Erniedrigung des Kolonialismus, die Besetzung Palästinas durch die Zionisten und schließlich für das schlechte Image, unter dem die Religion des Propheten leidet«.

Dass im Rahmen einer solchen moralischen Erpressung das Stichwort der Kreuzzüge fällt, verwundert nicht. Die Teilnehmer insbesondere des Ersten Kreuzzugs, die im Jahr 1099 Jerusalem einnahmen und dabei »in drei Tagen 30000 Menschen niedermetzelten«, handelten in »psychotischer Verirrung« und setzten »die erste imperiale Unternehmung des christlichen Westens« ins Werk, »der sich nach Jahrhunderten der Stagnation den Weg zurück auf die internationale Bühne bahnte« (Karen Armstrong). Laut dem britischen Historiker Edward Gibbon, auf den sich Tamim Ansary bezieht, sollen es sogar 70000 Tote im nur zwei Tagen gewesen sein, »kaum einer der muslimischen Einwohner der Stadt kam mit dem Leben davon«. Gilbert Keith Chesterton nennt »das abstoßende Blutbad« von Jerusalem »das Gemetzel eines Volkshaufens (...), in der Hochspannung plötzlichen Erfolges«: »Endlich drangen sie in die Stadt in einer Stimmung, in der sie alle hätten Mönche werden können, stattdessen wurden alle zu Mördern.« Der Publizist und Friedensaktivist Ahmad Mansour, ein palästinensischer Muslim mit israelischem Pass, entdeckte in den Solidaritätsadressen aus der arabischen Welt für die Pariser Attentäter das Leitmotiv »Wir haben es den Kreuzüglern gezeigt!«.

Andererseits war die Erinnerung an die Kreuzzüge, die erst im 19. Jahrhundert als solche bezeichnet wurden, viele Jahrhunderte eher schwach im Kollektivgedächtnis der Muslime verankert – zudem lassen sie sich deuten als »Reaktion auf die Verfolgung der ägyptischen und syrischen Christen durch den Fatimidenkalifen al-Hakim bi-Amr Allah (996-1021)«, der eine Maria geweihte Kirche in Kairo abreißen und plündern ließ und so auch mit der Jerusalemer Grabeskirche und deren Reliquien verfuhr – ein Anschlag auf das Herz der Christenheit. So ordnet Samir Khalil Samir, Professor für Islamwissenschaften in Beirut und Jesuit, die Geschichte ein. Tamim Ansary ergänzt, dass seit der Herrschaft der türkischen Seldschuken über das Heilige Land die christlichen Pilger sich »andauernden Schikanen und Belästigungen ausgesetzt« sahen.

Von Samir Khalil Samir stammt der Begriff des »Meaculpismus«. Er definiert ihn bereits 2002 als einen »im Westen sehr weit verbreiteten Schuldkomplex im Hinblick auf die koloniale Vergangenheit oder, allgemeiner, auf die Dritte Welt. Dieser Komplex geht so weit, dass man jede beliebige kulturelle ›Errungenschaft‹ akzeptiert und legitimiert, (...) einfach deswegen, weil man die außereuropäischen Kulturen, die doch schon in der Vergangenheit unterdrückt worden sind, auf keinen Fall diskriminieren« dürfe. Jede Diskriminierung staatlicherseits ist in der Tat unvereinbar mit dem westlichen Prinzip. Doch Unterschiede zu benennen und Unterschiedliches unterschiedlich zu behandeln, zählt ebenso zur Aufgabe des Westens wie die »unerbittliche Zurückweisung jedes autoritären Arguments« (Philippe Nemo).

Dass Toleranz auch repressiv sein und Autorität im Gewand des Antiautoritären daherkommen kann, weiß vermutlich niemand besser als die milde Mehrheitskirche des

Westens. Obwohl »Mea Culpa« ein Begriff aus der Liturgie ist, erstaunt dann doch, wie sehr man sich dort den Meaculpismus im Samir'schen Sinne zu eigen gemacht hat. Die Kirche, vor allem die protestantische, wünscht sich die ganze Welt als einen kuschelweichen »Gottesgarten der Religionen«, in dem die »Begegnungsblüte« gedeiht. So war es zu hören und zu sehen in einem evangelischen Gottesdienst von der Landesgartenschau Bamberg im Mai 2012. Welche Religion da sprießt, gaben Pfarrerin und Dekan durch die Blume zu verstehen, sei eigentlich egal. »Jenseits des Gartenzauns des eigenen Glaubens« gebe es viel zu entdecken, gerade Christen sollten »die anderen Religionen einmal beschnuppern«, etwa den Islam, wo die »Sehnsucht nach Frieden und Versöhnung« ebenso groß sei. In Überbietung der postmodernen und bisher nicht mit dem Christentum in Verbindung gebrachten Devise, man solle viele Blumen blühen lassen, sangen zum Abschluss dieser kindgemäßen Sonntagsfeier alle fröhlich mit: »Alle Knospen springen auf, fangen an zu blühen. Alle Nächte werden hell, fangen an zu glühen. Knospen blühen, Nächte glühen ...«.

Die finale Infantilisierung des Kulturchristentums ist ein Kapitel für sich. Fast ebenso weit fortgeschritten ist die Verwechslung von Toleranz mit Standpunktlosigkeit, und manchmal, wie auf der Gartenschau in Franken, vermischt sich beides. Aus diesem Anlass hatte der damalige bayerische Landesbischof, heutige Ratsvorsitzende der Evangelischen Kirche in Deutschland, Heinrich Bedford-Strohm, seine Freude über das Multireligiöse in die Worte gekleidet, ihn mache »die Begegnung mit dem Reichtum anderer Glaubenstraditionen (...) zu einem glücklicheren Menschen«.

Keinem Imam fiele es ein, sein Glaubensleben ohne die Bibel für unvollständig zu deklarieren – im Gegenteil, begreift der Koran sich doch als falsche Überlieferungen korrigierendes, Gottes letztes und vollständiges Wort. Dem evangelischen Bischof reicht zu seinem Glück das Evangelium offenbar nicht. Er braucht, so scheint es hier, die Komplettierung mittels Koran und vielleicht Upanishaden.

Die »Nürnberger Nachrichten« zitierten ihn, ebenfalls im Mai 2012, mit den Worten, es könne »berührend und bereichernd sein (...), wenn man sich vom Ruf des Muezzins mit hineinnehmen lässt in dessen Gottesdienst«. Das volle Glück also gibt es wohl erst durch andere Religionen, den ganzen Reichtum erst mit Mohammed. Bedford-Strohm wollte es hernach irgendwie anders gemeint wissen. Ein präzises Dementi unterblieb. Wohl aber lud gewissermaßen unter seinen Augen, in München, eine prominente evangelische Gemeinde im März 2013 einen fast ebenso prominenten, aber heftig umstrittenen Imam zur Predigt auf die Kanzel. Wo Christi Wort gedeutet werden soll, erklang in der Lukaskirche der Koran, Gott sei »ein Licht, kein Faktor des Streites«. Trotz einiger Proteste war die einladende Pfarrerin mit ihrem Clou zufrieden. »Wir wollten ein positives Bild des Islam in der Öffentlichkeit präsentieren, weil Islam oft mit Islamismus verwechselt wird«, das sei gelungen. Ein weiteres »Zeichen für mehr Toleranz« gab es Mitte März 2015 in der Kölner Lutherkirche. Ein christlich-muslimischer Gottesdienst brachte sonntags Pfarrer und Imamin zusammen. Neben dem Matthäus-Evangelium erklangen Suren und muslimische Lieder und vier Mal »Allahu akbar«. Der Pfarrer hat auch schon Ideen für »eine christlich-muslimische Taufe«. Glücklicherweise ruht der Namensgeber der Kirche sicher unter der Erde.

Wir lernen: Das Bundesverfassungsgericht definiert Ideale des multireligiösen Zusammenlebens, die evangelische Kirche wirbt für den Islam, im einen wie im anderen Fall namens der Toleranz. Zu Weihnachten 2014 übrigens stimmte Bedford-Strohm der Aussage von Bundeskanzlerin Angela Merkel und Altbundespräsident Christian Wulff zu und sagte in einem Interview mit der »Tageszeitung« auf die entsprechende Frage, »ja, der Islam gehört zu Deutschland«. Einen Monat später relativierte er im Münchner »Presseclub«, man müsse da »präziser werden. Ein fundamentalistischer Islam gehört nicht zu Deutschland. Aber ein menschenrechtsverbundener Islam gehört zu Deutschland«.

Doch es bedarf keines Amtes aus Kirchensteuermitteln, um Meaculpist zu werden. Jürgen Todenhöfer war CDU-Bundestagsabgeordneter, Medienmanager und kämpft seit einiger Zeit publizistisch gegen das »Feindbild Islam«. Feindbilder erhellen tatsächlich nichts – rosarote Brillen tun es selten. In Todenhöfers Optik ist der Westen die Geißel einer Welt, die eine Oase wäre, ließe man die Muslime nur machen. »Der Westen führt in der traurigen Bilanz des Tötens mit weit über 10:1«, erklärt Todenhöfer in einer doch ziemlich abgeschmackten Variante von Statistik. Einige westliche Politiker vergössen »noch immer im 10:1-Rhythmus muslimisches Blut«. Hat die islamische Welt nun jede Menge gewaltsame Tode gut, bis das Remis erreicht ist? Und kann eine solche Rechnung auf sehr schütterer Grundlage sinnvoll, seriös, objektiv sein? Für

Todenhöfer »war und ist der Westen viel gewalttätiger als die muslimische Welt. Nicht die Gewalttätigkeit der Muslime, sondern die Gewalttätigkeit einiger westlicher Länder ist das Problem unserer Zeit«. Demnach sind die 5042 Menschen, die laut einer Studie des Londoner King's College allein im November 2014 insgesamt 664 islamistischen Anschlägen und Selbstmordattentaten zum Opfer fielen, 168 Tote pro Tag, kein Problem. Das wird die Hinterbliebenen freuen, die nun gewiss voll Ingrimm auf die Gewalt des Westens schauen.

Todenhöfers »Zehn Thesen gegen den Hass« stammen von 2011, aber westlicher Selbsthass findet sich nicht minder pointiert in seinen Veröffentlichungen jüngeren Datums. Gewiss noch immer hält er Terrorismus für zwar unentschuldbar, aber »objektiv betrachtet« sei »der ›muslimische Terrorismus‹ die gewalttätige Antwort einer winzigen extremistischen Minderheit auf die seit Jahrhunderten kontinuierlich gewalttätige Politik westlicher Mehrheiten«. Unklar bleibt, welche Arten von Gewalttätigkeiten hier miteinander ringen, ob solche Aufrechnungen faktisch nicht doch Terror legitimieren und inwieweit dieser als ein hier rein politisch verstandenes Phänomen nicht seiner religiösen Tiefenspur verlustig geht. Diese Frage wischt der Publizist beiseite: »Terrorismus ist nie religiös. (...) Die Behauptung, Gewalt sei vor allem ein religiöses Problem, ist eine atheistische Legende.« Faktisch aber gibt es im 21. Jahrhundert Terroristen, die ihren Terror für eine religiöse, eine heilige, eine islamische Pflicht halten. Todenhöfer stellt der Faktizität dieses Grauens eine Hypothese von Religion gegenüber und vermengt so abermals die Kategorien.

9/11 ist bei ihm ein Racheakt von »diabolischer Kühnheit«. Schriebe ein Filmkritiker in diesem Stil, wäre es ein Lob.

Terrorismus sei nie religiös: Vertritt die ungleich kompetentere Karen Armstrong nicht dieselbe Auffassung? Sie schreibt, »Terrorismus ist grundsätzlich und seinem Wesen nach politisch, selbst wenn andere Motive – religiöser, ökonomischer oder sozialer Art – damit verbunden werden«. Ein Motivbündel können wir demnach auch im Fall des radikalislamischen Terrors unterstellen. Frei von meaculpistischer Versuchung ist Armstrong nicht. »Selbstmordattentate schockieren uns zutiefst, aber sind die Tausenden von Kindern, die jedes Jahr in ihrer Heimat durch Landminen getötet werden, nicht viel schockierender? Oder die Kollateralschäden der Drohnenangriffe?« Was mich betrifft, so scheint mir jedes Aufrechnen zynisch und unangebracht. Der »koloniale Westen« mag eine »Doppelmoral« praktiziert haben. In Erörterung des blutsäuferischen islamistischen Terrors, der dem Westen den Krieg erklärt hat, wirken solche Relativierungen arg krude. Und sie übersehen, dass eine mindestens ebenso große Blutspur, die wir auch terroristisch nennen können, zwischen Sunniten und Schiiten verläuft, dass der innerislamische Machtkampf mit dem Streit wider den Westen brutal einhergeht.

Die Attentate von 9/11 haben laut Armstrong »wenig mit dem normativen Islam« gemein – doch gibt es einen solchen? Kann man sich damit beruhigen, dass von den New Yorker Attentätern und ihren Mitarbeitern »nur ein Viertel (...) eine traditionelle islamische Erziehung genossen hatte«, womöglich also weniger der Islam, sondern dessen

Unkenntnis das Problem war und dass fast alle Mörder der islamistischen Anschläge im Westen zwischen Amsterdam 2004, dem Mord an Theo van Gogh, und London 2013, dem Mord an Lee Rigby, »frei schwebende Terroristen« waren, die eine »normale religiöse Erziehung« von den Taten abgehalten hätte, womöglich? Auch Armstrong weiß, »im Bezug auf militärische Gewalt kennt der Koran keine eindeutige oder systematische Lehre. Manchmal verlangt Gott Geduld und Zurückhaltung statt Kampf; manchmal gestattet er einen Verteidigungskrieg und verurteilt den Angriff. Zu anderen Zeiten ruft er zum offensiven Krieg innerhalb gewisser Grenzen auf, und manchmal werden diese Grenzen auch aufgehoben. In einigen Textpassagen werden die Muslime aufgefordert, mit den Angehörigen der anderen Buchreligionen friedlich zusammenzuleben, in anderen werden sie dazu ermächtigt, sie zu unterdrücken«.

Der Koran steckt voller Widersprüche, doch ein Buch der Gewaltlosigkeit und Feindesliebe ist er ebenso wenig, wie Mohammed seine Feinde geliebt hätte. Widerborstige, vielleicht auch verschwörerische Juden ließ er in Medina köpfen, wo er sich »vom verachteten beziehungsweise verhassten Sektenprediger und Unruhestifter (...) zum in religiösen und weltlichen Angelegenheiten gegenüber Juden, Christen und Heiden Unfehlbarkeit beanspruchenden Führer eines auf der ganzen Halbinsel geachteten Staatswesen« (Lutz Richter-Bernburg) entwickelt hatte. In der Kaaba zerstörte er unmittelbar nach seiner Rückkehr aus Medina die Götzenbilder, worauf sich der »Islamische Staat« bei seinem Vernichtungsfeldzug gegen die Weltkultur heute beruft. Eine Haupteinnahmequelle der ersten Muslime waren, so Armstrong, Raubzüge: »Im Jahr 624 begann Mohammed also, Gruppen von Räubern loszuschicken, die die Karawanen von Mekka angriffen.« Wie Peter Sloterdijk kommt fast jeder »unvorbereitete Leser des Koran nicht umhin zu staunen, wie ein heiliges Buch, ohne Furcht davor, sich selbst zu dementieren, nahezu auf jeder Seite den Feinden des Propheten und des Glaubens die Pein ewigen Feuers anzudrohen vermag«. Der Einwand, auch andere Religionen hätten ein ambivalentes Verhältnis zur Gewalt, verfängt bei dem Philosophen nicht, denn »kein Mensch würde sich um die dunklen Koranstellen kümmern, wären da nicht die Millionen zählenden gewalthungrigen Gottsucherbanden, die sich die Worte zu ihren kommenden Taten zurechtlegen – indessen die vergleichbar heißen Stellen der alttestamentarischen Rachepsalmen das spärliche Publikum von Kirche und Synagoge seit langem kaltlassen«.

Ewig unentscheidbar bleibt die Frage, ob der Radikalislam sich auf eine zulässige oder verzerrte Koran-Lektüre beruft. Genug, dass er im Koran Legitimationen findet. Etwa in Sure 5, Vers 33: »Der Lohn derer, die gegen Allah und seinen Gesandten Krieg führen und (...) eifrig auf Unheil bedacht sind, soll darin bestehen, dass sie umgebracht oder gekreuzigt werden, oder dass ihnen wechselweise Hand und Fuß abgehauen wird.« Womit ein Gegenpol zur Bergpredigt klar markiert wäre. Für Samir Khalil Samir kann die kriegerische Auslegung des Dschihad »nicht als eine Instrumentalisierung des Islams« verstanden werden: »Wir können allenfalls sagen, dass diese Auslegung nur von einigen Muslimen befürwortet wird, was ihrer Authentizität allerdings keinen Abbruch tut. Es handelt sich also, kurz gesagt, um eine authentische, aber nicht ausschließliche Auslegung.«

Dschihad kann demnach, trotz der Hoffnungen Jürgen Todenhöfers, als Krieg begriffen werden in des Wortes drastischer Bedeutung. Ayaan Hirsi Ali zählt die bekannten bellizistischen Suren auf – »tötet die Beigeseller, wo immer ihr sie findet«, »kämpft gegen sie, bis es keine Versuchung mehr gibt«, »Feure die Gläubigen zum Kampfe an!«. Der berühmte Schwertvers, nach anderer Übersetzung: »Tötet die Heiden, wo immer ihr sie findet, greift sie, umzingelt sie und lauert ihnen überall auf!«, hat nach dem weithin akzeptierten Prinzip der Abrogation die friedlichen Verse älteren Datums ersetzt. »Da«, folgert Hirsi Ali, »die im Namen des Islam begangene Gewalt oft durch den Koran gerechtfertigt wurde, müssen wir die Muslime auffordern, ihren heiligsten Text endlich einmal kritisch zu hinterfragen. Dieser Prozess kann nur beginnen, wenn man anerkennt, dass der Koran von Menschen verfasst wurde und zahlreiche innere Widersprüche aufweist.«

Was wird, sollte sich dieses weit entfernte Ziel eines Tages in Sichtweite befinden, dann anders sein an der und in der »besten Gemeinschaft, die unter den Menschen entstanden ist« und die deshalb laut Sure 3, Vers 104 das Rechte gebieten und das Schlechte verbieten soll? Wird es in der Umma Gleichberechtigung geben für Mann und Frau? Der Mann darf laut Sure 4, Vers 4 bis zu vier Frauen heiraten. Vergleichbare Rechte für die Frau sind nicht bekannt, die zudem laut Vers 11 in derselben Sure die Hälfte dessen erbt, was ein Mann erbt, und ihm laut Vers 34 prinzipiell untergeordnet bleibt, »und jene, deren Widerspenstigkeit ihr befürchtet: ermahnt sie, meidet sie im Ehebett und schlagt sie!«. Im islamischen Eherecht hat der Mann »grundsätzlich die Wahl zwischen Musliminnen, Christinnen und Jüdinnen, die Frau kann umgekehrt aber nur einen Muslim heiraten«, erläutert das »Handbuch Islam«. Es wurde nämlich »vom Propheten Mohammed ausdrücklich bestätigt, dass eine Ehe zwischen einem nichtmuslimischen Mann und einer Muslimin unerlaubt und islamisch gesehen unmöglich ist (...) – ein Verbot, das eindeutig ist, niemals aufgehoben wurde und auch niemals aufhebbar ist«.

Auch Muhammad Hamidullah, dessen Grundlagenwerk »Der Islam – Geschichte, Religion, Kultur« von 1963 sich einer großen Verbreitung bis heute erfreut und der gewiss kein Fundamentalist war, nennt die »vollkommene Gleichheit zwischen den beiden Geschlechtern« unislamisch und unnatürlich zugleich: »Es ist nicht der Mann, der das Kind gebiert, und nicht die Frau, die befruchtet! So sind die Dinge. Die Frau hat eine zartere körperliche Veranlagung, die sich bis auf das Gewicht ihres Gehirns und ihrer Knochen erstreckt, und sie wird deshalb auch die zur Bewahrung dieser Zartheit geeigneten Neigungen haben.« Hamidullah zitiert aus Mohammeds Abschiedsrede bei der letzten Pilgerfahrt: »Und ich befehle euch, die Frauen gut zu behandeln, denn sie befinden sich bei euch vergleichbar wie Gefangene, die nichts für sich selbst besitzen.«

11 »NUR DURCH DIE MACHT DER SCHARIA«: WARUM ES BIS HEUTE KEINE ISLAMISCHEN MENSCHENRECHTE GIBT UND DAS GEGENTEIL ABER AUCH STIMMT

Hirsi Ali beobachtet in vielen muslimischen Ländern »Bestrebungen, den Status der Frauen als Bürger zweiter Klasse rechtlich zu zementieren«. Verschleierte Frauen und Mädchen mit Kopftüchern seien rapide auf dem Vormarsch, und »das Bedürfnis, Frauen zu verschleiern, spricht für eine extrem sexualisierte Welt« (Žižek). Härter formuliert Rachid Boutayed: »Die Treue zu Gott ist im Islam nur gegen die Frau zu verwirklichen«, weil die sexuelle Lust die »exklusive Politik der Unterwerfung« unter Allah bedrohe. Islam heißt Unterwerfung, »Soumission« heißt Houellebecqs Roman, in dem ein farbloser Akademiker nicht zuletzt aufgrund der Aussicht auf zwei eigene Frauen zum Islam übertritt – eine für das Bett, eine für die Küche –, und »Submission« hieß der Kurzfilm Theo van Goghs nach einem Drehbuch Ayaan Hirsi Alis, den der Regisseur Ende 2004 mit seiner Ermordung auf offener Straße bezahlte. Im Film erzählen verschleierte Frauen von Misshandlungen durch ihre Männer, Koransuren werden zitiert.

Vieles spricht für Chestertons Behauptung, der Islam verkünde die »Gleichheit der Menschen, aber es handelt sich nur um Gleichheit für das männliche Geschlecht«. Wie kann dann die Scharia »ein ständiges Zeugnis des islamischen Ideals einer Gleichheit« sein, »die (...) tief in unserer Menschlichkeit verwurzelt ist«, gibt es den »egalitären

Kodex der Scharia«, von dem Karen Armstrong schreibt, etwa gar nicht? Historisch gesehen überzeugt Armstrongs Deutung der Scharia als einer »grundsätzlichen Alternative zur aristokratischen Herrschaft in der agrarischen Gesellschaft«, weil sie das erbliche Klassensystem verwarf, obwohl auch zur Zeit des Kalifats im 9. und 10. Jahrhundert sie »nie für die gesamte Gesellschaft galt«. Doch heute, im postindustriellen Westen, kann alles religiöse Sonderrecht nur unter dem Vorbehalt der Menschenrechte Geltung beanspruchen. Dass die Integration des islamischen Menschenbilds und Rechtsverständnisses in diesen Rahmen eine gewaltige Aufgabe ist mit offenem Ausgang, weiß auch der bedächtig abwägende Tamim Ansary: Die Rolle der Frau in der Gesellschaft zeige die »Unvereinbarkeit zwischen der islamischen Welt und dem Westen am deutlichsten«. In der muslimischen Welt habe sich »die Vorstellung durchgesetzt, dass die Gesellschaft in einen männlichen und einen weiblichen Bereich geteilt wird und dass sich diese beiden Welten nur im Privaten begegnen, um die Sexualität als Faktor im öffentlichen Leben der Gemeinschaft auszuschalten. Ich muss gestehen, ich erkenne nicht, wie eine einheitliche Gesellschaft geschaffen werden kann, in der ein Teil der Menschen der Ansicht ist, die Welt sollte in einen männlichen und einen weiblichen Bereich aufgeteilt werden, und ein anderer meint, die beiden Geschlechter sollten sich in den gleichen gesellschaftlichen Bereichen bewegen«.

Die entscheidende Frage für alle, denen an einer friedlichen Koexistenz der Religionen gelegen ist, an Frieden überhaupt, lautet: Können die Menschenrechte, dieser unaufgebbare Kern des westlichen Prinzips, auch islamisch hergeleitet werden? Oder müssten Muslime auf einen Teil ihrer Tradition verzichten, um sich ganz der freiheitlichen Zivilisation des 21. Jahrhunderts anzuschließen? Die zweite Variante hat die größere Wahrscheinlichkeit für sich. Selbst ein Wissenschaftler mit den allerbesten Absichten wie Mahmoud Bassiouni vom Institut für Studien der Kultur und Religion des Islam an der Frankfurter Goethe-Universität muss am Ende einer fast 400-seitigen Untersuchung über »Menschenrechte zwischen Universalität und islamischer Legitimität« (2014) eine weitgehende Inkompatibilität konzedieren. Vom Koran als inkarnierter Ambivalenz führt nur ein schmaler Pfad in den Westen.

Als im März 2015 sich die westlichen Vorhaltungen gegen Saudi-Arabien häuften, weil dort der Blogger Raif Badawi wegen seiner Versuche, die Einsichten Voltaires mit 250-jähriger Verzögerung in den islamischen Kulturkreis zu übersetzen, ausgepeitscht wurde und da eine solche barbarische Strafe mit den Menschenrechten doch wohl nicht vereinbar sei, gab sich die Regierung in Riad verwundert. Aber wieso denn, bitteschön? Saudi-Arabien verbitte sich eine »Medienkampagne« und besonders alle »Angriffe im Namen der Menschenrechte, da seine Verfassung auf der Scharia beruht, die Menschenrechte garantiert«. Man halte das nicht für eine dreiste Taktik wider besseres Wissen, einen zynischen Witz oder ein Märchen aus Tausendundeiner Nacht. Nein. Setzt man die Menschenrechte in ein islamisches Passepartout, stehen sie einem Auspeitschen wegen »Beleidigung des Islam« nicht entgegen. Naturrecht wird gänzlich anders verstanden, die Anthropologie ganz anders ausformuliert unter koranischen Vorzeichen.

Mahmoud Bassiouni führt Stimmen an, die sich vergleichbar geäußert hatten. Ebenfalls aus Riad stammt eine Studie von 1999 aus der Feder von Sulieman Abdul Rahmen al-Hageel, der zufolge der Islam »allen internationalen Erklärungen, Chartas und Abkommen vorausging. Im Bereich der Menschenrechte hat der Islam diese Rechte seit 1400 Jahren definiert und verwurzelt«. Ein Jahr zuvor fragte Shirin Sinnar, heute Assistenzprofessorin für Recht an der Stanford Law School: »Warum sollten wir Menschenrechtserklärungen annehmen, die von denjenigen Mächten formuliert sind, die unsere Länder kolonisiert und ausgeplündert haben?« Alternativ stehen zwei islamische Deklarationen zur Verfügung, die »Allgemeine Erklärung der Menschenrechte im Islam« von 1981 und die »Kairoer Erklärung der Menschenrechte im Islam« von 1990.

Die ältere Erklärung beginnt mit der bekannten Einschätzung, »vor 14 Jahrhunderten legte der Islam die ›Menschenrechte‹ umfassend und tiefgründig als Gesetz fest«. Bassiouni beruft sich auf Roger Garaudy und entgegnet: »Auch aus islamisch-theologischer Sicht lässt sich die Auffassung, der Islam habe die Menschenrechte eingeführt, als nicht haltbar entlarven.« Weiter hieß es 1981, die Menschenrechte würden »hergeleitet aus dem edlen Koran und der reinen Sunna des Propheten. Sie sind in dieser Niederlegung ewige Rechte, von denen nichts abgestrichen, geändert, aufgehoben oder ausgesetzt werden darf«. Menschenrechte im Islam sind also göttlich gewährte Rechte ohne menschliche Zusätze und ohne Entwicklungsmöglichkeiten; nicht nur die Zeit, auch das Ius wird offenbar versiegelt.

In derselben Erklärung wird das Recht auf Leben als heilig sanktioniert, freilich mit der Einschränkung, dass diese Heiligkeit »nur durch die Macht der Scharia und durch die von ihr zugestandenen Verfahrensweisen angetastet werden kann«. Ebenso ergeht es dem Recht auf Freiheit, das »nur durch die Scharia und die durch sie zugestandenen Verfahrensweisen (...) eingeengt oder begrenzt werden« kann, und konkret der Meinungs- und Religionsfreiheit für jeden, »solange er innerhalb der allgemeinen Grenzen, die die Scharia vorschreibt, bleibt. Nicht erlaubt ist die Verbreitung von Unwahrheit und die Veröffentlichung dessen, was der Verbreitung der Schamlosigkeit oder Schwächung der Umma dient«. Keine unantastbare Würde, sondern eine antastbare Freiheit, ein relatives Lebensrecht und eine Meinungsfreiheit für die richtige Meinung, eine Religionsfreiheit für die vorgegebene Religion bilden den Grundbestand der islamischen Menschenrechte, wie sie hier kodifiziert wurden. Der Austritt aus dem Islam ist nicht vorgesehen, denn »die Grundlage der islamischen ›Staatsangehörigkeit‹ ist religiös und nicht ethnisch, sprachlich und gebietsmäßig. Daher wird Apostasie begreiflicherweise wie ein politischer Verrat betrachtet. Dieses Verbrechen zieht Zwangsmaßnahmen nach sich«. (Muhammad Hamidullah).

In der jüngeren Kairoer Erklärung lautet die Formulierung, Leben dürfe nicht genommen werden, »es sei denn aus einem von der Scharia vorgeschriebenen Grund«. Ergo, folgert Bassiouni, liegt »das eigentliche Problem der muslimischen Menschenrechtsbegründung« darin, dass »die Achtung der Menschenrechte vom Gottesglauben abhängig gemacht wird«: »›Islamische Menschenrechte‹ sind keine ›universellen Menschenrechte‹, solange sie nicht auf einer Wertebasis beruhen, die allen Menschen gemeinsam ist.« Wohl aber erlaubt der Geltungsvorrang der Scharia die »Regelungen des klassischen islamischen Rechts in Bezug auf die Apostasie (die mit dem Tod bestraft wird) und die Körperstrafen« – wovon Badawis Peiniger Gebrauch machten.

Das Naturrecht, das dem islamischen Menschenrecht zugrunde liegt, bezieht sich demnach auf die Natur des muslimischen Menschen. »Gläubige und Ungläubige können nicht gleichgestellt sein. Während die einen das Paradies erwartet, kommen die anderen in die Hölle.« (Hamidullah) Der Professor für Ethik und politische Philosophie Martin Rhonheimer prägte in einem Beitrag für die »Neue Zürcher Zeitung« die Formulierung von den »denaturierten Menschen«, als welche Nichtmuslime laut islamischer Lehre zu gelten hätten. »Die menschliche Natur selbst, die ›fitra‹, ist muslimisch. Nichtmuslime sind folglich Abtrünnige, denaturierte Menschen. Im Islam kann es deshalb keine prinzipielle Gleichheit aller Menschen aufgrund ihrer Natur und kein für alle – unabhängig von der Religionszugehörigkeit – geltendes Naturrecht geben.« Eine Verzeichnung eines obendrein katholischen Wissenschaftlers ist die harte Wendung nicht, sondern Conclusio aus Artikel 10 der Kairoer »Allgemeinen Erklärung der Menschenrechte im Islam«, wo geschrieben steht: »Der Islam ist die Religion der unverdorbenen Natur.« Ein Hadith überliefert Mohammeds Bekenntnis, jeder Mensch komme als Muslim zur Welt. Die Annahme oder gar der Übertritt zu einer anderen Religion muss dann ein Unfall der Schöpfung sein und ist nicht vorgesehen. Kein islamischer Cicero, kein islamischer Locke und erst recht kein Voltaire war vor diesem Hintergrund denkbar. Sie entwickelten die Universalien ihres Denkens auf jenem naturrechtlichen Boden, den der Islam nicht wässerte.

Mahmoud Bassiouni bleibt hoffnungsfroh. Ein »islamisch legitimer Zugang zu den Menschenrechten« könne gefunden werden, wenn man diese als Normen begreife, »die dem Schutz der menschlichen Bedürfnisse vor korrespondierenden Gefährdungen dienen«. Tamim Ansary bleibt fasziniert vom ursprünglichen islamischen »Plan für die Errichtung einer rechtschaffenen Gemeinschaft. Der Einzelne verdient sich seinen Platz im Paradies, indem er sich dieser Gemeinschaft anschließt, am gesellschaftlichen Projekt des Islam mitwirkt und eine Welt schafft, in der Waisen nicht verstoßen werden und Witwen nicht in Armut und Verachtung leben«. Tahar Ben Jelloun sieht »alles, was mit dem Islam zu tun hat, zur Tragödie geworden«, blickt mit Tränen auf diese »Religion des Friedens und der Toleranz«, die er nicht den Fanatikern überlassen will. Arno Gruen fühlt mit den vielen »Menschen ohne Selbst«, und Feridun Zaimoglu ruft ihnen zu, den Verblendeten und Sektierern und Barbaren: »Es zählt allein die Gnade. Ich werde verrückt. Kein Gott außer dem schönen Gott.« Und wohin wende ich meinen Kopf, in dem die Namen Kouachi und Coulibaly umherschwirren wie böse Fliegen auf der Suche nach dem nächsten Kadaver?

12 DAS NEUE BAND

Ich war noch nie in Bangladesch. Dort wurde am 30. März 2015 Washiqur Rahman Babu ermordet, ein 26-jähriger Blogger, der ähnlich wie in Saudi-Arabien Raif Badawi für religiöse Toleranz geworben hatte. Seine Mörder sind zwei Koranschüler. Sie kannten Babus Texte nicht, vollzogen aber, was ihr »religiöser Lehrer« ihnen aufgetragen habe. Washiqur Rahman Babu wurde zerstückelt. In Tunesien war ich auch noch nie, wo Mitte März 2015 dem Radikalislam 21 Menschen zum Opfer fielen, ermordet im Nationalmuseum von Tunis. Ich war nie in Kenia, wo die Terrormiliz »Al-Shabaab« im Dezember 2014 in einem Steinbruch etwa 40 »ungläubige«, also nichtmuslimische Arbeiter und Anfang April 2015 etwa 150 christliche Studenten ermordete, die sich desselben »Vergehens« schuldig gemacht hatten, der falschen Religionszugehörigkeit.

Ich war nicht in Nigeria, wo »Boko Haram« Menschen entführt, versklavt, köpft, Mädchen auch, die die radikalislamische Bildungsfeindschaft nicht teilen. Ich saß nicht in dem Boot auf dem Mittelmeer, von dem Mitte April 2015 muslimische Flüchtlinge ein Dutzend christliche Flüchtlinge aus Nigeria und Ghana gestoßen haben sollen, weil sie keine Muslime waren. Und erst recht war ich noch nicht in Libyen, nicht in Syrien, wo der »Islamische Staat« häufig Menschen köpft, erschießt, verbrennt, die den Islam anders deuten oder anderen Bekenntnisses sind oder sich schlicht seinem »Wunsch, zu vergewaltigen und zu zerstören« (Leon de Winter), in den Weg stellen. Über 2000 Hinrichtungsopfer dürften es mittlerweile sein.

Ich war schon oft in Frankfurt am Main, wo das Radrennen vom 1. Mai 2015 abgesagt wurde, weil zuvor Attentatspläne eines islamistischen Paares mit deutsch-türkischen Wurzeln aufgeflogen waren. Oft war ich auch in Braunschweig, dessen Karnevalsumzug im Februar 2015 abgesagt wurde aus Angst vor einem islamistischen Anschlag, und in Leipzig, wo aus demselben Grund eine Demonstration von »Pegida« im Januar 2015 nicht stattfinden konnte. Frankreich ist mir vertraut, wo im April 2015 laut Innenminister Cazeneuve islamistische Anschläge auf »ein oder zwei Kirchen« vereitelt werden konnten. Der »Islamische Staat« hat seinen »Marsch auf Rom« bereits angekündigt und dem Christentum den Krieg erklärt durch eine »in Blut geschriebene Nachricht an die Nation des Kreuzes« – die Enthauptung 21 koptischer Christen im Februar 2015.

In der verqueren Optik der Blutsäufer vom »IS« sind wir Westler allesamt Juden oder Christen. Kein Kirchenaustritt wird uns vor dem Messer an der Kehle bewahren. Dass der Westen ein jüdisch-christliches Projekt ist – mit ganz entscheidender Hebammenkunst durch die alten Griechen und Römer bei zeitweiliger arabischer Assistenz – ist dessen Feinden bewusst. Es war die Entdeckung des naturrechtlich aufgewerteten Individuums in der Antike, die das westliche Prinzip aus der Taufe hob. Es waren vier Sätze aus dem Evangelium, die ihm Schwungkraft verliehen bis in unsere Gegenwart, indem sie Toleranz, Rechtsstaatlichkeit und Gewaltenteilung in der Mentalitätsgeschichte des Westens, in dessen Staats- und Menschenbild fest verankerten: »Gebt dem Kaiser, was des Kaisers, und Gott, was Gottes ist.« – »Mein Reich ist nicht von dieser Welt.« – »Lasst beides wachsen bis zur Ernte.«, nämlich Unkraut ebenso wie den guten Weizen. »Und wo euch jemand nicht annehmen wird noch eure Rede hören, so geht heraus von demselben Haus oder der Stadt und schüttelt den Staub von euren Füßen.«

Damit ist dem westlichen Prinzip unauslöschbar eingeschrieben, auch in einem postchristlichen Äon: Der Staat darf über die Religion, die Religion nicht über den Staat bestimmen. Es kann keinen Gottesstaat geben. Die Guten und die Bösen werden jenseits gerichtet und von Gott, nicht diesseits von dessen angeblichen Vollstreckungsschergen. Und der Mut, für eigene Überzeugungen einzutreten, bedingt die Bereitschaft, auf Ablehnungen friedlich zu reagieren, unverdrossen festzuhalten an dem, was man für wahr erkannt hat, ohne den Andersmeinenden, Andersgläubigen mit Kalaschnikow, Benzinkanister, gezacktem Messer ihren vermeintlichen Irrtum zu vergelten. Westliche Prinzipienreiter haben gegen das Toleranzgebot aus dem Gleichnis von Unkraut und Weizen verstoßen, mehr als nur einmal, doch heute sind es nicht Kirche oder Synagoge, die wider den Westen agitieren und agieren, sind es, worauf Michael Ringier hinwies, keineswegs »christliche Terroristen, die ein ganzes Land und ein ganzes Volk auslöschen wollen und das seit Jahren öffentlich proklamieren«.

Deshalb ist jetzt nicht die Stunde für ein Comeback des Meaculpismus, wie sehr dieser sich auch dem westlichen Prinzip und dessen steter Bereitschaft zu Selbstkritik verdanken mag und insofern noch in den Verzerrungen Zeugnis ablegt von dessen Vitalität. Gefragt sind stattdessen eine wehrhafte Demokratie und eine offensive Toleranz, der Mut, Nein zu sagen. Wer durch die Straßen zieht und Juden den Tod wünscht, hat das Demonstrationsrecht verwirkt. Wer auf eine juristische Sonderbehandlung pocht aufgrund einer religiösen Spezialdoktrin, auf getrennten Schwimmzeiten besteht oder auf das Recht zum Muezzin-Ruf, verlässt die Bezirke eines zivilbürgerlich organisierten Gemeinwohls. Innerhalb dieser Grenzen bewegt sich, wer für seine Dogmen wirbt, sich zu ihnen öffentlich bekennt durch Rede oder Kleidung und ihnen Gemeindezentren baut, mit der Mehrheitsgesellschaft streitet und dem religiösen Vorbehalt auf demokratischen Pfaden Geltung verschaffen will.

Weil die Freiheit der Kunst aus der Freiheit zur Meinung unmittelbar resultiert, gilt es diese unbedingt zu verteidigen. Blasphemie ist kein Menschenrecht, doch wer künstlerisch (oder nichtkünstlerisch) kritisiert, was immer ihm missfällt, verscherzt sich deshalb unter keinen Umständen das Recht auf unversehrten Leib, unversehrte Seele. Der Westen muss wieder auskunftsfähig werden, jedem und jeder, über die Genese seiner Freiheiten. Er muss neu ausbuchstabieren und verteidigen können, wie er wurde, was er ist: ein Versprechen auf Glück, eine Geschichte von der Würde eines jeden Menschen, die unverlierbar ist, weil jeder Mensch gleich geboren wird, weil jeder Mensch als Person mit einem Schrei ins Leben tritt und noch immer weiß, was er zu Voltaires Zeiten wusste, »was du nicht willst, das man dir tun soll, das tue du auch nicht«.

So könnten vielleicht gerade die Explosionen des Bösen, die wir derzeit erleben, und die Miasmen der Intoleranz, wahrlich nicht nur unter radikalislamischen Vorzeichen, auch im Gewand von Religionshass, Nationalismus und allzeit sprungbereiter Pöbellust innerhalb und außerhalb sozialer Netze, dazu beitragen, dass wir uns alle neu bewusst werden, wie kostbar es ist, ein Mensch zu sein, ein Mensch unter Menschen. Nichts Größeres ist denkbar. Im Singular gibt es uns nicht. Das Band der Humanität stärkt uns, verbindet uns, hält die Bestialität in Zaum, macht das Gesicht zum Antlitz.

Peter Sloterdijk erhofft am Ende von »Zorn und Zeit« für das 21. Jahrhundert ein neues »Set von interkulturell verbindlichen Disziplinen«, damit endlich werde, was zu selten war: »Weltkultur«. Ayaan Hirsi Ali will in den Pariser Anschlägen einen Wendepunkt des Westens sehen. Die »Morgendämmerung einer muslimischen Reform« habe begonnen. Und ich, der ich Kouachi und Coulibaly partout nicht aus dem Kopf bekomme und traure um »Charlie«, traure um Dan Uzan? Ich heiße mich hoffen.

NAMENSREGISTER

Abbas, Mahmud 32, 37
Abélard, Pierre 118
Adli, Ashraf 35f.
Adorno, Theodor W. 18
Akgün, Lale 146
Al-Baghdadi, Abu Bakr 136
Ansary, Tamim 105, 108f., 112, 116, 154f., 166, 171
Aristoteles 117, 122
Armstrong, Karen 105ff., 154, 160ff., 166
Arouet, François-Marie (= Voltaire) 10, 52-63, 64, 70, 73-77, 118, 152f., 167, 171, 175
Assmann, Jan 123
Atta, Mohammed 8
Augustinus, Bischof von Hippo 120f., 123
Averroës 122

Bach, Johann Sebastian 19
Badawi, Raif 61f., 64f., 73, 170
Baquet, Dean 38
Barber, Tony 38
Bassiouni, Mahmoud 167-171
Bedford-Strohm, Heinrich 156ff.
Belloc, Hilaire 21
Ben-Chorin, Tovia 45
Benedikt XVI., Papst 76f., 131
Ben Jelloun, Tahar 17, 35f., 73f., 104, 110, 143, 171
Ben-Sasson, Haim Hillel 108
Bernhard von Clairvaux 56
Bilour, Ghulam Ahmed 35
Bismarck, Otto von 70
Blom, Philipp 62f., 74
Bobzin, Hartmut 108
Bouabdellah, Zoulikha 140
Boutayed, Rachid 144, 147, 165
Bowle, John 72
Brague, Rémi 10, 132
Braudel, Fernand 113, 115
Broder, Henryk M. 30f., 148
Bruckner, Pascal 153
Buschkowsky, Horst 148

Calas, Jean 53ff., 59f., 63
Cameron, David 32, 37
Cazeneuve, Bernard 173
Chesterton, Gilbert Keith 20-26, 154, 165
Cicero, Marcus Tullius 64, 76-79, 115f., 130f., 171
Cohen, Almog 137
Coulibaly, Amedy 8f., 14, 29, 41f. 171, 176
Cukierman, Roger 99
Cusanus, Nicolaus 118

Dell'Agli, Daniele 51
Diner, Dan 24f., 118, 120

El-Hussein, Omar Abdel Hamid 12, 94
El Kouani, Abdelhak 47
Emcke, Carolin 40f.
Enzensberger, Hans Magnus 133f.
Erdogan, Recep Tayyip 80

Fatmi, Mounir 140
Ferguson, Niall 1518, 113ff., 119, 121
Franziskus von Assisi 143
Friedrich II. (der Große), König von Preußen 63

Garaudy, Roger 168
Gauck, Joachim 47ff.
Gibbon, Edward 154
Giffey, Franziska 148f.
Goethe, Wolfgang von 112f.
Gogh, Theo van 161, 165
Graumann, Dieter 86
Greser, Achim 141
Gruen, Arno 41f, 50, 171

Hadas-Handelsman, Jakov 98
Hamidullah, Muhammad 19, 121, 164, 169
Hastedt, Heiner 73
Hirsi Ali, Ayaan 27, 152f., 163, 165, 176
Hitchens, Christopher 125
Hitler, Adolf 80, 90f.
Hörbiger, Christiane 45
Hoff, Johannes 28, 33f.
Hollande, François 100
Horowitz, Ami 136f.
Houellebecq, Michel 14, 22-26
Hübner, Kurt 124
Hussein, Muhammed 36

Ibn Ishāq, Muhammad 107
Innozenz XI., Papst 71f.

Jakob II., König von England 72
Jasanoff, Maya 130
Jensen, Carsten 96f.
Jesus Christus 53, 55f., 68f., 148, 153
Joffrin, Laurent 60
Justinus, christlicher Märtyrer 56

Khomeini, Ajatollah 82, 140
Kizilkaya, Ali 144
Knobloch, Charlotte 84
König, Ralf 142f.
Kolat, Dilek 85
Kouachi, Chérif und Saïd 7f., 14, 29, 33, 41f., 171, 176
Kraushaar, Wolfgang 49

LaBute, Neil 140f.
Latasch, Leo 90
Lawrow, Sergei 32
Lehrer, Abraham 47
Lenz, Heribert 141
Locke, John 10, 64-77, 118, 131, 144, 153, 171
Ludwig XV., König von Frankreich 59
Lukrez 76
Lullus, Raimundus 118
Luzier, Renald 33
Lyttleton,Margaret 125

Maizière, Thomas de 27, 38
Malik, Kenan 40
Mangalwadi, Vishal 19, 120f., 126f.
Mann, Thomas 6, 26
Mansour, Ahmad 154
Maria II., Königin von England 72
Marx, Reinhard Kardinal 87
Mayer, Johann F. 66
Mazyek, Aiman 48, 88
Merabet, Ahmed 29, 50
Merkel, Angela 49, 158
Mirandola, Pico della 121
Modan, Rutu 142
Mohammed 8, 19, 24, 29, 33, 36-39, 52, 92f., 95, 101, 106-110, 141, 157, 161f., 164, 170
Moses 55, 123126, 153
Müller, Michael 85

Nagel, Tilman 107
Nemo, Philippe 10, 79, 115-120, 129f., 155

Netanjahu, Benjamin 30, 32, 98
Neuwirth, Tom (alias Conchita Wurst) 46
Nørgaard, Finn 92, 94
Nuhr, Dieter 45

Obama, Barack 10
Odilo von Cluny 122
O'Neill, Brendan 39f., 101

Pius XI., Papst 20
Platon 77, 122
Popper, Karl 6
Posner-Körösi, Lena 97f.

Rahmen al-Hageel, Sulieman Abdul 168
Rahman Babu, Washiqur 172
Reidegeld, Ahmad A. 106
Reilly, William Sprencer 141
Rhonheimer, Martin 170
Richter-Bernburg, Lutz 161
Ricoeur, Paul 69, 118
Ringier, Michael 174
Robespierre, Maximilien 132
Rushdie, Salman 104, 140

Sabaneh, Mohammed 36f.
Samir, Samir Khalil 105f., 155f., 162f.
Schiller, Friedrich 18, 25
Schneider, Nikolaus 87
Schramm, Gottfried 123f.
Schuster, Josef 82, 84f.
Seyam, Reda 135f.
Sinnar, Shirin 168
Slaughter, Anne-Marie 38f.
Sloterdijk, Peter 34, 37, 73, 121, 162, 176
Smith, Justin E. H. 40
Spengler, Oswald 115, 122
Stalin, Josef Wissarionowitsch 27
Stein, Hannes 125
Strenger, Carlo 15f., 19, 113, 115

Taubira, Christiane 101
Thorning-Schmidt, Helle 12, 96
Todenhöfer, Jürgen 158f., 163

Uzan, Dan 12, 92, 94, 97, 176

Vilk, Lars 94f.
Vogel, Pierre 84

Watson, Peter 72f., 115, 122
Weber, Thomas 130
Westergaard, Kurt 95
Wilders, Geert 92f.
Wilhelm III. von Oranien-Nassau, König von England 72
Winkler, Heinrich August 10, 120, 122f., 126-134
Winter, Leon de 173
Wistrich, Robert S. 101-104, 109
Wulff, Christian 49, 158

Zaimoglu, Feridun 171
Žižek, Slavoj 32, 39f., 147, 152f., 165

LITERATUR (AUSWAHL)

Ansary, Tamim: Die unbekannte Mitte der Welt. Globalgeschichte aus islamischer Sicht. Aus dem Englischen übersetzt von Jürgen Neubauer. Frankfurt am Main/New York 2010.

Armstrong, Karen: Im Namen Gottes. Religion und Gewalt. Aus dem Englischen übersetzt von Ulrike Strerath-Bolz. München 2014.

Badawi, Raif: 1000 Peitschenhiebe. Weil ich sage, was ich denke. Aus dem Arabischen übersetzt von Sandra Hetzl. Herausgegeben, eingeleitet und kommentiert von Constantin Schreiber. Berlin 2015.

Bassiouni, Mahmoud: Menschenrechte zwischen Universalität und islamischer Legitimität. Berlin 2014.

Ben Jelloun, Tahar: Der Islam, der uns Angst macht. Aus dem Französischen übersetzt von Christiane Kayser. Berlin 2015.

Bobzin, Hartmut: Mohammed. München 2000.

Boutayed, Rachid: Orgasmus und Gewalt. Minima islamica. Aschaffenburg 2014.

Brague, Rémi: Europa - seine Kultur, seine Barbarei. Exzentrische Identität und römische Sekundarität. Aus dem Französischen übersetzt von Gennaro Ghirardelli. Wiesbaden 2012.

Chesterton, Gilbert Keith: Das neue Jerusalem. Aus dem Englischen übersetzt von Curt Thesing. Bremen 1930.

Ders.: Das fliegende Wirtshaus. Aus dem Englischen übersetzt von Joseph Grabisch. München/Zürich 1967.

Cicero, Marcus Tullius: De officiis. Vom pflichtgemäßen Handeln. Übersetzt, kommentiert und herausgegeben von Heinz Gunermann. Stuttgart 1986.

Ders.: De natura deorum. Über das Wesen der Götter. Übersetzt und herausgegeben von Ursula Blank-Sangmeister. Stuttgart 2011.

Ders.: De re publica. Vom Staat. Übersetzt und herausgegeben von Michael von Albrecht. Stuttgart 2013.

Dell'Agli, Daniele: Wer was wozu gehört. Veröffentlicht am 16.2.2015 bei https://www.perlentaucher.de/essay/wer-was-wozu-gehoert.html

Diner, Dan: Versiegelte Zeit. Über den Stillstand in der islamischen Welt. München 2007.

Enzensberger, Hans Magnus: Aussichten auf den Bürgerkrieg. Frankfurt am Main 1996.

Ferguson, Niall: Der Westen und der Rest der Welt. Die Geschichte vom Wettstreit der Kulturen. Aus dem Englischen übersetzt von Michael Bayer und Stephan Gebauer. München 2011.

Gruen, Arno: Wider den Terrorismus. Stuttgart 2015.

Hamidullah, Muhammed: Der Islam. Geschichte, Religion, Kultur. Köln 2011.

Hastedt, Heiner: Toleranz. Stuttgart 2012.

Hirsi Ali, Ayaan: Reformiert euch! Warum der Islam sich ändern muss. Aus dem Englischen übersetzt von Michael Bayer, Enrico Heinemann, Eva-Maria Schnitzler. München 2015.

Houellebecq, Michel: Unterwerfung. Aus dem Französischen übersetzt von Norma Cassau und Bernd Wilczek. Köln 2015.

Ibn Ishāq, Muhammad: Das Leben des Propheten. Aus dem Arabischen übertragen und bearbeitet von Gernot Rotter. Kandern 1999.

Joas, Hans: Sind die Menschenrechte westlich? München 2015.

Kraushaar, Wolfgang: Radikale Auslöschung. Veröffentlicht am 19.2.2015 bei https://www.perlentaucher.de/essay/radikale-ausloeschung.html

Lexikon des Mittelalters. München 2002.

Locke, John: On toleration and the unity of god. Edited by Mario Montuori. Amsterdam 1983.

Ders.: Brief über die Toleranz. Aus dem Lateinischen übersetzt von Johann Friedrich Meyer. Paderborn 2007.

Malik, Kenan: I believe in free spech, but ... . Veröffentlicht am 11.3.2015 bei https://kenanmalik.wordpress.com/2015/03/11/i-believe-in-free-speech-but/

Mangalwadi, Vishal: Das Buch der Mitte. Wie wir wurden, was wir sind. Die Bibel als Herzstück der westlichen Kultur. Aus dem Englischen übersetzt von Hildegund Beimdieke. Basel 2014.

Narducci, Emanuele: Cicero. Eine Einführung. Aus dem Italienischen übersetzt von Achim Wurm. Stuttgart 2012.

Nemo, Philippe: Was ist der Westen? Die Genese der abendländischen Zivilisation. Aus dem Französischen übersetzt von Karen Horn. Tübingen 2006.

Özdil, Ali Özgür: Alle Kinder sind Muslime. Malik, Maryam und die Theologie des Kindes. Köln 2014.

O'Neill, Brendan: Copenhagen. The bloody, murderous No Platforming of blasphemers. Veröffentlicht am 14.2.2015 bei http://www.spiked-online.com/newsite/article/copenhagen-the-bloody-murderous-no-platforming-of-blasphemers/16693#.VPtHpG10y71

Reidegeld, Ahmad A.: Handbuch Islam. Die Glaubens- und Rechtslehre der Muslime. Kandern 2005.

Rhonheimer, Martin: Gewalt und theologische Tradition im Islam. Töten im Namen Allahs. Veröffentlicht am 6.9.2014 bei http://www.nzz.ch/feuilleton/toeten-im-namen-allahs-1.18378020

Samir, Khalil: 100 Fragen zum Islam. Warum wir die Muslime nicht fürchten müssen. Aus dem Italienischen übersetzt von Gabriele Stein. Augsburg 2009.

Sloterdijk, Peter: Zorn und Zeit. Politisch-psychologischer Versuch. Frankfurt am Main 2006.

Strenger, Carlo: Zivilisierte Verachtung. Eine Anleitung zur Verteidigung unserer Freiheit. Berlin 2015.

Stroh, Wilfried: Cicero. Redner, Staatsmann, Philosoph. München 2008.

Todenhöfer, Jürgen: Feindbild Islam. Zehn Thesen gegen den Hass. München 2011.

Voltaire: Über die Toleranz. Mit einem Vorwort von Laurent Joffrin. Berlin 2015.

Watson, Peter: Ideen. Eine Kulturgeschichte von der Entdeckung des Feuers bis zur Moderne. Aus dem Englischen übersetzt von Yvonne Badal. München 2006.

Winkler, Heinrich August: Geschichte des Westens. Von den Anfängen in der Antike bis zum 20. Jahrhundert. München 2009.

Ders.: Geschichte des Westens. Die Zeit der Gegenwart. München 2015.

Wistrich, Robert S.: Muslimischer Antisemitismus. Aus dem Englischen übersetzt von Clemens Heni und Thomas Weidauer. Berlin 2011.

Zirker, Hans: Der Koran. Zugänge und Lesarten. Darmstadt 1999.

Žižek, Slavoj: Blasphemische Gedanken. Islam und Moderne. Aus dem Englischen übersetzt von Michael Adrian. Berlin 2015.

Bibliografische Information der Deutschen Nationalbibliothek

Die Deutsche Nationalbibliothek verzeichnet diese Publikation in der Deutschen Nationalbibliografie; detaillierte bibliografische Daten sind im Internet über https://portal.dnb.de abrufbar.

FSC
www.fsc.org
MIX
Papier aus verantwortungsvollen Quellen
FSC® C014889

Verlagsgruppe Random House FSC® N001967
Das für dieses Buch verwendete FSC®-zertifizierte Papier *EOS* liefert Salzer Papier, St. Pölten, Austria.

1. Auflage

Cover: Sandro Botticelli, Die Geburt der Venus (Titelbild Cicero 02/15 – Bildbearbeitung: Antje Berghäuser)
Druck und Einband: Friedrich Pustet GmbH & Co. KG, Regensburg
Printed in Germany
ISBN 978-3-579-07098-8

www.gtvh.de